"내 뜻을 다 이루었으니
지금 죽어도 여한이 없다"

朴載赫

박재혁(朴載赫) 의사의 1920년 9월 14일 부산 경찰서 서장 하시모토(橋本秀平)에 대한 폭탄 투척으로 전국적인 의열단 투쟁이 시작된다. ⓒ 개성고등학교 역사관

의열지사 박재혁을 아십니까

27세, 아무리 정도가 사라지고 패도가 판치는 배역의 시대라고 해도 그 나이에 삶을 접기에는 너무 아까운 청춘이었다. 왜놈의 밥 한 끼도 먹지 않겠다는 결기로 단식을 결행한 지 십여 일 만이다. 대구 감옥, 1921년 5월 11일의 일이다. 한말 의병장 면암 최익현이 대마도에서 왜놈의 것이라면 물 한 방울도 마시지 않겠노라 단식 끝에 순국한 지 15년 뒤에 일어난 일이다.

잔혹한 고문과 의거 당시 입은 부상, 계속된 단식으로 만신창이가 된 청년은 그러나 숨질 때까지 의식은 또렷했다. 면회 온 동지들이 단식을 중단할 것을 권했지만, 왜적의 형률로 죽느니보다 차라리 스스로 죽는 길을 택하겠다면서 꼿꼿하게 죽음을 맞았다. 죽음을 택한 청년은 그 순간 충의와 지절, 기개의 문인지사였던 송나라 문천상(文天祥)의 「절필시」를 생각했을지 모른다.

공자는 살신성인하라 하시고
맹자는 사상취의하라 하셨나니
오직 충의로움을 다해야만
인에 이르는 소치노라
성현의 책을 읽을 제

배운 바 무엇이겠는가

오늘 이후에는

부끄러움을 면하겠노라.

청년은 상하이에서 김원봉 단장으로부터 부산경찰서장 하시모토를 처단하라는 명을 받고, 일본을 거쳐 단신으로 귀국하여 대범하게 서장실로 들어가서 "나는 상하이에서 온 의열단원이다. 네가 우리 동지들을 잡아 우리 계획을 깨뜨린 까닭에 우리는 너를 죽이려 한다."고 유창한 일본말로 매섭게 꾸짖고, 그에게 준비한 폭탄을 던졌다. 1920년 9월 14일 오후 2시 30분경이다. 의열단원 박재혁 의사의 장쾌한 투탄은 일제의 간담을 서늘케 하고 한민족의 의기를 천하에 떨쳤다.

하시모토는 부상을 입었고 청년은 검거돼 사형이 선고되었다. 일제강점기 수많은 의열투쟁이 전개되었지만 적의 소굴로 들어가 적장을 처단하기는 이 거사가 유일하다. 일제에게는 그만큼 충격이 컸다. 의열단의 여러 의거 중에서도 성공한 사례에 속한 거사였다.

한민족은 1919년 3·1혁명이 비폭력 독립시위인데도 불구하고 일제의 잔혹한 탄압으로 사망 7,509명, 부상 15,961명, 피검 46,948명 등의 막대한 희생을 치렀다. 일제는 이후 이른바 '문화정치'를 내세웠지만 실제로는 더욱 가혹한 무단통치를 자행하였다.

3·1혁명의 좌절로 한국사회는 패배의식에 뒤덮이고 어디에서도 희망의 싹을 찾기 어려웠다. 그런 시점에서 감행된 청년의 부산경찰서장 처단 의거는 동포들에게 다시 희망과 용기를 불러일으키고, 청

년들에게는 항일독립 정신을 고취시켰다. 꺼져가는 독립운동에 다시 심지를 돋우고 불을 붙인 사건이다.

청년의 이름은 부산 출신의 박재혁(朴載赫), 홀어머니 밑에서 어렵게 살면서 부산공립상업학교를 다닐 때부터 독립정신이 강하여 친구들과 우리나라 역사책을 프린트하여 비밀리에 배포하고, 지하서클 구세단(救世団)을 조직하여 독립운동을 전개한 소년투사였다.

졸업 후 중국 상하이와 홍콩, 싱가포르를 왕래하는 상업에 종사하면서 김원봉이 주도한 의열단에 가입한 후 단신으로 국내로 들어와 악질 부산경찰서장을 처단하고 긴 단식 끝에 장렬한 죽음을 맞았다. 우리 의열투쟁사에 샛별과도 같이 찬연히 빛나는 분이다.

그럼에도 대부분의 국민은 박재혁 의사의 거룩한 삶과 독립투쟁, 애국정신을 잘 알지 못한다. 교과서는 물론 웬만한 독립운동사에서도 그의 이름을 찾기 어렵다. 무후선열(無後先烈)들이 그렇듯이, 박재혁 의사도 이 땅에 혈육 한 점 남기지 않고 조국해방전선에서 산화함으로써 흔적이 별로 없다.

우리 독립운동사에는 생명을 바쳐 일제와 싸운 의열지사들이 수없이 많았다. 그런데도 대표적인 몇 분 외에는 대부분이 낯설다. 프랑스 철학자 랑시에르가 표현한 대로 "셈해지지 않는 자들"이 너무 많았다.

박재혁 의사는 우리 독립운동사에서 '셈해지지' 않아서는 결코 안 될 분이다. 출신지인 부산에서만 겨우 인식되는 선열이 아니다. 고등학생 시절부터 일관된 자주독립정신, 27세라는 젊은 나이, 적의 소굴에서 적장을 처단한 용기, 3·1혁명 좌절 후 침체된 독립운동에 불쏘시개 역할, 단식으로 생을 마감한 결기, 무후선열이라는 가족사 등 박의사를 기려야 할 조건은 충분하고도 넘친다.

히틀러의 광신적인 나치와 줄기차게 싸우다가 고통을 이기지 못해 자살로 생을 마감한 저항작가 슈테판 츠바이크의 헌사를 박재혁 의사의 영전에 바치면서, 평전을 시작하고자 한다.

나의 모든 친구들이
길고 긴 밤 뒤에 찾아오는
붉은 해를 볼 수 있기를,
그러나 무엇보다
참을성 없는 나는
당신들보다 먼저 간다네.

박재혁 의사의 평전을 집필하는데 지원해주신 개성고(부산상고)총동창회 재단법인 백양장학회와 개성고총동창회 김수철 사무총장님, 개성고등학교 역사관 노상만 관장님, 유족 김경은 선생님, 김석준 부산시교육감님, 개성고총동창회 이경재 회장님께 감사의 말씀을 드린다.

박재혁 의사 동상 - 부산어린이대공원 안에 있다. © 개성고등학교 역사관

목차

국난기의 '처변삼사'

잊혀진 독립운동가 찾기

음수사원(飮水思源)이란 말이 있다. 물을 마실 때는 그 근원을 생각하라는 말이다. 현대인은 수도꼭지 틀면 물이 나오고 마트에 가면 생수가 쌓여 있어서 '물의 근원'에 대해 생각할 여지가 없다.

독립운동(가)에 관해서도 비슷한 것 같다. 해방된 지 70여년이 지나고, 그런 일 아니어도 관심사가 많고 시험 준비생도 아닌데 굳이….

생리적으로 하루라도 물을 마시지 않으면 신체 건강을 유지하기가 어렵듯이, 정신건강을 위해서는 독립운동(가)를 생각하면 좋을 것이다. 이스라엘 국민들이 수천 년 동안 나라 잃고 세계 각처를 유랑했던 선대의 역사를 가르치고 배우듯이, 우리도 나라를 빼앗기고 고난의 시대를 살았던 아픈 역사를 잊지 말아야 한다. 그 고갱이는 독립운동가들이다.

그동안 친일세력과 군사독재, 그 아류들이 장기간 집권하면서 독립운동사는 소략되거나 외면받았다. 심지어 육군사관학교에서는 최근까지 독립운동사를 정규과목으로 가르치지 않았다. 언론에서도 3·1절이나 광복절이면 반짝 관심을 보이는 듯하다가 지나면 그만이다. 그마저 명망가 중심으로 재탕 삼탕을 일삼는다. 그래서 여성독립운동가 하면 유관순 열사 외에 달리 아는 사람이 없을 정도이다.

그동안 국가로부터 서훈을 받은 독립운동가는 1만 5천 명 정도이다. 독립전선에서 이름도 없이 사라진 분들이 많지만, 까다로운 심사과정, 무엇보다 후손이 증빙서류를 준비해야 하기 때문에, 무후선열들의 경우는 대(代)가 끊어져서 서훈 신청도 할 수 없는 실정이다.

서훈을 받은 1만 5천여 독립운동가 중에는 혁혁한 공적에도 불구하고 일반에는 낯섦의 지사들이 대부분이다. 정부의 각종 이벤트는 물론 연구가나 언론이 명사들만 조명하기 때문이다. 박재혁(朴載赫) 의열지사도 외면된 독립운동가들 중 한 분이다.

일제강점기 독립운동에 나선 분들은 자신은 물론 가족에게 엄청난 희생을 안겨주었다. 수많은 의열지사들이 일제와 싸우다 사망하거나 투옥되고, 요행히 풀려나도 일제의 감시로 생업에 종사하기가 쉽지 않았다. 해서 자식은 물론 4, 5대에까지 저학력과 경제적 궁핍에 시달리게 만들었다.

해방 후 극소수는 '독립운동의 영웅'으로 교과서에도 실리고 각종 매체에서 조명해왔다. 하지만 대부분의 독립운동가는 잊힌 채 '보훈대상자'로 기록될 뿐이다. 그마저 후손이 없거나 자료의 인멸로 묻힌 분들이 적지 않았다. 예컨대 신흥무관학교에서 배출한 독립군관이 10년 동안 3,500여 명인데, 현재 이름이라도 밝혀진 분은 10분의 1이 조금 넘는 수준이다. 나머지는 그야말로 이름도 성도 없이 독립 전선에서 사라져 버렸다.

한말 큰 유학자 의암 유인석(1842~1915)은 강화도조약이 체결될 때 반대 상소를 시작으로 김홍집 친일내각이 성립되자 의병장으로 나서 충주와 제천 등지에서 친일관료를 죽이고 일제와 싸우다가 만주와 러시아로 망명했다. 뒷날 블라디보스토크에서 13도 의군도총재에 추대되어 일제와 치열하게 싸웠다.

유인석은 선비로서 분연히 떨치고 일어나 거병하면서 당시 조선의 처지에서 유학자들이 택해야 할 세 가지를 제시하고 자신은 결연하게 실천에 나섰다. 유인석은 선비들이 국난기에 선택할 행동지침으로 처변삼사(處變三事)를 제시하였다.

첫째, 의병을 일으켜 역당을 쓸어낼 것(擧義掃淸).
둘째, 은둔하여 옛것을 지킬 것(去之守舊).
셋째, 나서지 못할 처지라면 목숨을 끊어 뜻을 이룰 것(致命遂去).

의암은 이 같은 지침을 제자들에게 제시한 후 직접 의병장으로 나섰다.

유인석이 제시한 '처변삼사'는 유학자나 선비들의 몫만은 아니었다. 망천하망국가(亡天下亡國家)의 위기를 당해 이 땅에 생을 부여받아 사는 모든 생령들에게 주어진 명제이고 한편으로는 의무기도 했다. 경술국치를 당해 순국한 매천 황현은 「절명시」에서 "내가 여기 자결할 뿐 의병을 일으키지 못한 것을 부끄럽게 생각한다"며 처변삼사의 당위성을 역설하였다. 면암 최익현은 "모두 죽으면 누가 나라를 위해 싸우겠는가"라고 분개하며 노구를 이끌고 직접 의병에 나섰다.

단재 신채호는 "과거 수십 년 역사야말로 용자(勇者)로 보면 타매(唾罵)할 역사가 될 뿐이며, 인자(仁者)로 보면 상심(傷心)할 역사가 될 뿐이다"라며 "국난을 당해 현실에서 도피한 자는 은사이며, 굴복하는 자는 노예이며, 격투하는 자는 전사이니, 우리는 이 삼자 중에서 전사의 길을 택해야 한다"고 주창하며 스스로 '전사'가 되었다. 그는 또 "양병 10만이 일척(一擲)의 직탄(炸彈)만 못하다"는 내용으로 「의열단선언」을 지었다.

국권침탈기를 거쳐 일제강점기에 세 부류의 군상이 존재하였다. 왕조시대의 기득권자들이 계속해서 부귀영화를 누리고자 배족·매국에 앞장선 친일매국노, 왕조의 은덕을 입지 못한 신분인데도 국권회복에 신명을 바친 의병·독립운동가, 나라가 망하든 말든 세상 변하는 대로 따라 살겠다는 여세추이파(與世推移派)가 그것이다. 일반 대중이야 논외로 치더라도, 기득권층·식자들이 나라를 망치고 민족을 배신한 것은 용납되기 어렵다.

세계 식민지 역사상 가장 잔혹했다는 평을 받는 일제강점기에 독립운동에 나서기는 보통 용기과 신념이 없이는 결단하기 어려웠다. 당시 일제는 청일전쟁과 러일전쟁으로 두 강대한 대륙국가를 제압한 세계적인 군사 강국이었다. 거기에 영국과 미국 등 해양세력의 지원을 받았다. 특히 오랜 사무라이 전통으로 사람 목을 무 자르듯이 하는 야만성, 그리고 자체 개발한 무라타 소총과 영국제 엔필드 소총을 개량하여 만든 스나이더 단발식 소총으로 무장하고 있었다. 얼마 후부터는 기관총까지 보유하였다.

동학 혁명기, 동학군은 낡은 화승총과 죽창·농기구로 무장한 데 비해 일본군은 최신식 병기로 무장하여 쌍방의 화력이 250 대 1 수준이었다. 해서 2개 사단도 안 되는 일본군에 동학군 30만 명이 학살

국난기의 '처변삼사'

당하였다. 일제는 통감부 시절에 총포 화약류 단속법을 공포하여 조선의 모든 병기를 수거했다. 그래서 맹수가 나타나도 이를 퇴치할 병기 한 자루 없었다.

이런 처지에서 일제에 대항하여 싸운다는 것은 그야말로 '맨땅에 헤딩' 하기였다. 죽음과 죽임을 각오하지 않으면 나서기 어려운 싸움이었다. 하여 의열투쟁의 전법이 나타났다.

자기 몸을 던져 일제와 싸우는 전법, 안중근의 단지 동맹, 김원봉의 의열단, 김구의 한인애국단 등이 이에 속한다. 박재혁 의열지사는 악질 부산경찰서장 하시모토(橋本秀正)를 처단하고 27세의 나이로 옥중에서 단식 끝에 순국한 의열단원이다. 이를 기억하는 분이 몇이나 될까.

'처변삼사' 역행의 을사5적

을사늑약 체결 당시 이에 찬성 또는 묵인하여 조인을 거들어준 다섯 매국노를 '을사5적'이라 한다. 을사5적은 내부대신 이지용, 군부대신 이근택, 외부대신 박제순, 학부대신 이완용, 농상공부대신 권중현 등 다섯 대신을 가리킨다. 대표적인 '처변삼사'를 역행한 반역자들이다.

당시 대신으로서 수상 격인 참정대신 한규설과 탁지부대신 민영기, 법부대신 이하영은 조약에 반대했고, 궁내부대신 이재극은 조약 체결과 직접 관계가 없었다. 조약이 체결되자 이에 반대했던 한규설은 일본의 강압으로 물러나고, 조약에 조인한 외부대신 박제순이 참정대신이 되었다. 따라서 을사5적에 박제순을 포함시키는 것이다.

그러면 고종황제의 분명한 반대에도 불구하고 을사늑약을 막후에서 추진하고 이에 찬성 또는 묵인한 을사5적은 과연 어떤 인물들인가?

| 을사5적의 수괴 이완용(1858~1926)

자는 경덕(敬德), 호는 일당(一堂), 본관은 우봉(牛峰), 1882년 문과에 급제한 후 수찬·응교 등의 벼슬을 지내고, 1887년 주차미국참찬관으로 도미했다. 귀국 후 승지·참의를 거친 후 다시 주미 공사로서 2년을 지내고 귀국하여 대사성, 학부대신 등을 거쳤다. 1896년 아관파천 때 친러파로서 외부대신이 되고, 그 후 친일파로 변신, 1905년 학부대신이 되어 을사늑약 체결 때 일본의 무력을 업고 고종을 협박, 조약을 체결케 함으로써 을사5적의 수괴가 되었다.

이어 12월에는 의정대신 서리, 외부대신 서리를 겸직하고, 1907년 의정부 참정이 되어 의정부를 내각으로 고친 다음, 통감 이토의 추천으로 내각총리대신이 되었다. 헤이그 밀사사건 후 일본의 지시대로 일진회 회장 송병준 등과 함께 고종에게 책임을 추궁, 양위를 강요하여 마침내 순종에게 양위케 했다. 이로 인해 전국 각지에서 항일의병이 일어나고, 그의 집은 의거민중에 의해 불태워졌으며 그 자신은

국난기의 '처변삼사'

이재명의 칼을 맞고 부상했다.

1910년 8월 22일에는 총리대신으로 정부 전권위원이 되어 데라우치(寺內正毅) 통감과 한일병탄조약을 체결, 나라와 겨레를 완전히 왜적에게 넘겨주었다. 그 공으로 일본 정부로부터 백작 작위를 받고 조선총독부 중추원 고문에 취임, 3·1혁명 때는 동포를 공갈하는 경고문을 3회나 발표하여 이듬해 후작 작위를 받는 등 죽을 때까지 매국매족으로 일관했다.

| 박제순(1858-1916)

호는 평재(平齋), 본관은 반남(潘南). 1883년 별시 문과에 급제, 중국 천진에 종사관으로 파견되었다가 귀국, 이조참의·참판·한성부윤 등을 역임했다. 1898년 외부대신이 되고, 이듬해 전권대신으로 을사늑약에 조인, 5적신의 한 사람으로 지탄받았다. 같은 해 한규설의 뒤를 이어 참정대신(수상)이 되고, 1909년 이완용 내각의 내부대신이 되어 1910년 한일병탄조약에 서명, 일본 정부로부터 자작 작위를 받았다.

| 이지용(1870-1928)

자는 경천(景川), 호는 향운, 본관은 전주. 1887년 문과에 급제, 경상·황해 감찰사를 거쳐 궁내부 협판 및 주일공사를 지내고 1904년 외부대신으로 일본공사 하야시와 한일의정서에 조인했다. 후에 법부대신, 판동령부사 등을 거쳐 1905년 내부대신으로 을사늑약에 찬성, 조인에 서명함으로써 을사5적신의 하나가 되었다. 한일합병이 되자 일본 정부로부터 백작 작위를 받고 중추원 고문에 임명되었다.

| 이근택(1865-1919)

본관은 전주. 1884년 무과에 급제한 후 단천부사·길주목사 등을 지내고 충청도 수군절도사·병조참판을 역임한 후 1897년 친위연대 제3대대장으로 정부전복을 음모하다가 제주도로 귀양 갔다. 이듬해 돌아와 한성판윤·의정부 찬정 등을 거쳐 법부대신으로 있을 때 을사늑약 체결에 찬성하여 5적신의 하나로 지탄받았으며, 1910년 한일합병에 협력하여 일본 정부로부터 지작 작위를 받고 조선총독부의 고문이 되었다.

| 권중현(1854-1934)

호는 경농(經農), 본관은 안동. 1884년 부산감리 서기관에 이어 주일공사·한성부윤·참찬 등을 거쳐 법부·군부대신을 역임했다. 농상공부대신으로서 을사늑약에 찬성, 서명하여 을사5적의 한사람으로 오명을 남겼다. 한일합병 뒤 일본 정부로부터 자작을 받고 조선총독부 중추원과 조선사편수회의 고문을 지냈다.

일진회의 매국행위자들

강압이든 사기이든 외교권을 박탈당하고 일제에 병탄의 결정적인 계기가 된 을사늑약 체결에는 을사5적들의 망동만이 전부는 아니었다.

송병준·이용구 등 친일 주구들이 다투어 친일조직을 만들어 일본의 막대한 비밀자금을 지원받고 친일매국에 앞장섰다. 그 대표적인 단체가 일진회이다.

일진회는 민씨 일파의 박해를 피해 10여년간 일본에 망명해 있던 송병준이 러·일전쟁 때 일본군 통역으로 귀국, 친일적 민의를 조작하려는 일본의 앞잡이로 나서면서 시작되었다. 송병준은 1904년 8월 18일 구 독립협회 잔류인 윤시병·유학주 등과 유신회를 조직했다가 다시 일진회로 이름을 바꾸고 회장에 윤시병, 부회장에 유학주를 추대하여 발족했다.

일진회는 4대 강령으로 ① 왕실의 존중, ② 인민의 생명과 재산보호, ③ 시정개선, ④ 군정·재정의 정리 등을 내걸고 국정의 개혁을 요구하는 한편 회원은 모두 단발과 양복차림을 하는 등 개화를 서두르는 척했다. 같은 해 12월 16일 지방조직을 가지고 있는 동학당(東學黨) 내 친일세력인 이용구의 진보회를 흡수, 13도 총회장에 이용구, 평의원장에 송병준이 취임했다.

이후 일진회는 일본의 막대한 자금지원을 받으면서 친일활동을 전개하여 1905년 11월 17일 강제된 을사늑약을 지지선언 했으며, 기관지『민국신보』를 통해 온갖 친일적 망발을 서슴지 않았다.

일진회는 처음부터 일본의 막후 조종과 지휘를 받았다. 1904년 10월 22일에는 주한 일본군사령관 하세가와(長谷川好道), 헌병대장 다카야마, 하야시 주한 일본공사에게 서한을 보내 "일진회의 취지가 일본 군략상 조금도 방해됨이 없다"며 친일 본색을 드러냈다.

정미7조약 맺은 매국7적

을사늑약으로 조선의 외교권을 빼앗은 일제는 내정을 장악하기 위하여 여러 가지 음흉한 방법을 모색하기 시작했다. 조선의 초대통감으로 부임한 이토 히로부미는 1907년 5월 22일 을사늑약에 공을 세운 '5적'을 중심으로 하는 새 내각을 조직하도록 했다.

일본에 망명 중이던 박영효를 불러들여 궁내부대신으로 삼은 이 친일내각은 총리대신 이완용, 탁지부대신 고영희, 법부대신 권중현, 농상공부대신 송병준, 내부대신 임선준, 군부대신 이병무, 학부대신 이재곤 등으로 구성되었다. 을사늑약의 논공행상에 따른 인사였다.

이들은 1907년 7월 24일부터 서로 경쟁적으로 이른바 '한일신협약'(정미7조약)이라 불리는 이 조약의 체결을 위해 발 벗고 나섰다.

이들은 이해 6월 헤이그 특사사건을 트집 잡아 고종을 협박하면서 조약체결을 서두르기 시작하였으며, 이 사건을 빌미 삼아 일제는 고종을 강제로 퇴위시키고 7월 20일 양위식을 강행했다. 그리고 한국을 병탄하기 위한 마지막 조치로 7개 항의 조약, 즉 '정미7조약'을 정부대신 '7적'을 상대로 하여 체결했다.

조약안은 일본이 한층 강력한 침략정책을 수행할 목적으로 법령권제정·관리임명권·행정권의 위임 및 일본인 관리의 채용 등을 강제하는 7개 안으로 마련되었다. 일본은 이 조약안을 이완용 내각의 협조를 얻어 전혀 수정하지 않은 채 그날로 황제의 재가를 받고, 이완용을 전권위원으로 하여 7월 24일 밤 통감사택에서 이토와 조약을 체결하였다.

정미7조약에는 이에 덧붙여 각 조항의 시행에 관해 협정된 비밀 조치서가 작성되었는데, 이는 조선군대의 해산·사법권·경찰권의 위임 등을 골자로 하는 내용이었다. 그 결과 일본인에 의한 차관정치가 실시되어 우리나라는 사실상 일본의 식민지가 되었으며, 군대해산에 따라 국가의 마지막 버팀목이 사라졌다. 이에 항거하여 전국 각지에서 무장항일투쟁이 전개되었다.

경술7적, 병탄조약의 주역들

1905년 을사늑약으로 한국을 이른바 보호국화하고 통감정치를 실시한 일본은 1909년 안중근 의사가 이토를 처단한 후 한국의 주권을 완전히 빼앗고 식민지화하려는 음모를 더욱 본격적으로 추진하기 시작했다.

1910년 6월 일본 각의는 '병합 후의 대한(對韓) 통치방침'을 결정한 데 이어, 7월 12일 제3대 조선통감으로 데라우치를 임명하여 본격적으로 병탄공작을 진행토록 하였다. 데라우치는 8월 16일 총리대신 이완용과 농공상대신 조중응을 통감관저로 불러 병탄조약의 구체안을 밀의하고, 18일에는 이를 각의에서 통과시킨 다음, 22일 순종황제 앞에서 형식적인 어전회의를 거치게 한 후 그날로 이완용과 데라우치가 조인을 완료했다. 조인 사실은 1주일간 비밀에 부쳐졌다가 8월 29일 이완용이 윤덕영을 시켜 황제의 어새(御璽)를 날인하게 함으로써 이른바 칙유와 함께 '병탄조약'이 반포되었다.

흔히 '경술국치'라고 불리는 이 문서에 도장을 찍은 정부대신은 이완용을 비롯, 이재곤·조중응·이병무·고영희·송병준·임선준 등이다. 이들은 '경술7적'으로 불린다.

병탄조약은 형식상으로는 한국의 황제가 일본의 황제에게 합병을 자청하여 나온 결과 일본 황제가 그 요청을 수락하는 형식으로 구성되었다. 8개 항으로 된 이 문건의 전문은 다음과 같다.

제1조, 한국 황제폐하는 한국 정부에 관한 일체의 통치권을 완전하고도 영구히 일본국 황제폐하에게 양여함.

제2조, 일본국 황제폐하는 전조에 게재한 양여를 수락하고, 또 한국을 일본국에 병합함을 수락함.

국난기의 '처변삼사'

제3조, 일본국 황제폐하는 한국 황제폐하·황태자폐하와 그 후비 및 후예로 하여금 각기 지위에 응하여 상당한 존칭·위엄 그리고 명예를 향유케 하며, 또 이를 유지하기에 충분한 세비를 공급할 것을 약함.

제4조, 일본국 황제폐하는 전조 이외의 한국 황족과 그 후예에 대해 각기 상당한 대우를 향유케 하며, 또 이를 유지하기에 필요한 자금을 공여할 것을 약함.

제5조, 일본군 황제폐하는 훈공이 있는 한인으로서 특히 표창을 행함이 적당하다고 인정되는 자에 대하여 영직을 수여하고 또 은금을 줄 것.

제6조, 일본국 정부는 전기 병합의 결과로써 한국의 사정을 모두 담임하고, 동지(同地)에 시행하는 법규를 준수하는 한인의 신체와 재산에 대해 충분한 보호를 하며 또 그 복리의 증진을 도모할 것.

제7조, 일본국 정부는 성의와 충실로 신제도를 존중하는 한인으로서 상당한 자격이 있는 자를 사정이 허하는 한에서 한국에 있는 제국관리로 등용할 것.

제8조, 본 조약은 일본국 황제폐하와 한국 황제폐하의 재가를 거친 것으로 공포일로부터 시행함. 위 증거로 양 전권위원은 본 조약에 기명조인하는 것임.

융희 4년 8월 22일 내각 총리대신 이완용
메이지 43년 8월 22일 통감 자작 데라우치 마사다케

이로써 조선왕조는 27대 519년 만에 멸망하고 한국은 일본의 식민지가 되어, 이후 35년간 인류 역사상 유례없는 일제의 폭압과 착취를 당하게 되었다.

일본은 조약공포와 동시에 '대한(大韓)'이라는 국호를 폐지하고, 통감부를 대신하여 조선총독부를 개설하여 초대 총독에 데라우치를 임명했다.

이와 함께 일본은 '한국합병칙서'를 발표하여 고종을 '이태왕(李太王)'이라 부르고, 순종을 '이왕(李王)', 고종의 아들 강(堈)과 희(熹)를 공(公)으로 불러서 세습하게 하여 일본의 황족으로 한다고 발표했다. 그리고 '합병'에 공을 세운 이완용 등 친일파 76명에게 작위와 거액의 은사금을 주었다. (4명은 거부 또는 반환)

병탄 때 일본에게 작위를 받은 자들

일본 정부는 대한제국과 한민족을 팔아넘긴 매국노를 포함한 왕가와 구한국 정부고관에게 작위와 은사금을 주기 위해 일본 황실령 제14호로 '조선귀족령'을 반포했다.

병탄 때 작위를 받은 자들은 다음과 같다.

| 후작 : 이재완(훈1등)·이재각(훈1등)·이해창·이해승(이상 이왕가

국난기의 '처변삼사'

종친), 윤택영(이왕의 장인), 박영효(고종의 전왕인 철종의 사위)

| 백작 : 이지용(훈1등)·이완용(훈1등, 3·1혁명 후 후작으로 승급), 민영린(민비의 오빠)

| 자작 : 박제순·고영희·조병석·김윤식·권중현·이하영·이근택·이재곤·윤덕영·조민희·이병무·송병준·임선준(이상 훈1등), 이완용(李完鎔), 이기용, 이용직, 이근명, 민영규, 민영소, 민영휘, 김성근.

| 남작 : 조동윤·민영기·이근호·민종묵·이재극·이윤용(이상 훈1등), 민상호·한창수·이근상(이상 훈2등), 윤용구, 홍순형, 김석진, 조의연, 박제빈, 김춘희, 조동희, 박기양, 김사준, 장석주, 최석민, 한규설, 유길준, 남정철, 이건하, 이용태, 민영달, 이종건, 이봉희, 윤웅열, 김가진, 정낙용, 이정노, 김영철, 이용원, 김종한, 조정구, 김학진, 박용대, 조경호, 김사철, 김병익, 이주영, 정한조, 민형식.

일본 정부는 또 조선 귀족을 포함한 전국의 유생들에게 소위 '임시은사금'이란 것을 나눠 주었다. 그들은 3천만 엔의 국채를 발행하여 그중 8백26만4천8백 엔을 왕족과 귀족, 기타 친일분자와 그 가족 및 친일관료에게 각각 나누어 준 것이다.

또 초대 총독 데라우치는 은사금 공채증권 중 1천 739만 8천 엔을 전국 13도 12부 317군에 쪼개주고, 조선 유림에 대한 회유책으로 30

만 엔을 전국의 721명 유생에게 나눠주었다.

을사늑약·경술국치 시기의 순절자들

매국노들만 있었던 것은 아니다. '처변삼사'를 지키고자 국치를 통탄하면서, 그리고 국민의 궐기를 호소하면서 순국·순절자가 뒤를 이었다. 대표적인 몇 분을 골랐다.

이한응(1874~1905), 경기도 용인 출신으로 관립영어학교를 졸업하고 진사시에 합격하여 한성부지사가 되고 1899년 관립영어학교 교관으로 전출했다. 1904년 주영공사의 귀국으로 서리공사에 임명되어 영국에서 활동하고, 1905년 을사늑약이 강제체결 되자 치욕과 망국의 한을 참을 길 없어 귀국하기를 단념하고 임지에서 음독 순국하였다. 이 소식이 국내에 알려지면서 민영환·조병세 등 분사자가 속출했다.

민영환(1861~1905), 문과에 급제하여 약관에 병조·형조판서를 역임하고 미국 공사 등 외교관으로 활동하다가 귀국하여 외부·학부·탁지부대신을 지내면서 나라의 운명을 바로잡으려고 분투하다가 독립당을 옹호한다는 이유로 대신 자리에서 쫓겨났다.

시종무관장 재임 때 을사늑약 폐기를 상소했으나 뜻을 이루지 못하자 국민과 각국 공사에게 보내는 유서를 남기고 자결했다.

조병세(1827~1905), 노론파의 명문에서 태어나 음관으로 참봉에 임명되었다가 증광병과에 급제하여 함경도 암행어사·대사헌·공조판서·이조판서·우의정·좌의정 등 요직을 거쳤다. 동학혁명과 일제침략기에 정계를 은퇴했다가 다시 복귀하여 중추원의장과 임금의 고문인 특진관에 임명되었다.

1896년 폐정개혁 19조를 상소하고 1905년 을사늑약이 강제되자 을사5적 처단을 주창한 데 이어 이상설 등과 을사늑약의 폐기를 상소했다. 왜경에 연행되어 가평 향리로 추방당하자 1905년 8월 음독 자결했다.

박승환(1869~1907), 구한국군 참령으로 시위연대 제1대대장으로 있던 중 1907년 7월 고종이 일제의 강압에 의해 퇴위당하자 복위운동을 펴기 위해 궁중에 돌입하려 했으나 뜻을 이루지 못했다.

그해 8월 한국군 해산령이 내리자 이에 불복하여 자결했다. 이를 계기로 다수의 구한국군 출신들이 의병에 참여하면서 의병투쟁이 활발하게 전개되었다.

이준(1859~1907), 이상설·이위종과 함께 고종의 밀서를 갖고 헤이그의 만국평화회의에 참석하여 을사늑약의 불법·부당성을 호소하

고자 했으나 일본과 열강의 반대로 무산되자 울분 끝에 순국했다. 함
북 북청 출신으로 법관양성소에서 공부하고 한성재판소 검사보에 임
명되었으나 조정 대신들의 비행을 파헤치다가 면직되었다.

일진회에 대항하여 공진회를 조직하여 국권 회복 운동과 함께 을
사5적을 규탄하다가 헤이그 특사로 선정되었다. 사후 궐석재판에서
무기형을 선고받았다.

홍범식(1871~1910), 충북 괴산 출신으로 과거에 급제하여 진사
가 되고 전북 태인 군수 재임 시 의병을 보호하여 일본군의 검거망을
피하게 하였다. 1909년 금산군수로 부임하여 선정을 베풀어 주민들
의 칭송을 받았다. 1910년 경술국치를 당하자 통분을 이기지 못하고
선산에 올라가 목메어 자결했다. 남긴 유서 5통은 왜경에 압수돼 그
내용을 알 수 없다.

황현(1855~1910), 전남 광양 출신으로 생원시에 장원급제했으나
부패한 조정에 나가기를 거부하고 향리에 묻혀 살았다. 1910년 경술
국치 소식을 듣고 〈절명시〉 4수를 남기고 순절했다. 재야에 있으면서
1864년부터 병탄 때까지 47년간의 우리나라 최근세사를 편년체로 기
술한 『매천야록』을 지었다.

나철(1863~1916), 본명 나인영, 전남 승주 출신으로 관직에 있으
면서 1905년 을사늑약이 체결되자 오기호 등과 5적 암살단을 조직하

여 매국노 암살을 시도하다가 적발되어 낙도에 유배되었다.

풀려나서 1909년 1월 15일(음) 중광절에 단군교를 창시, 1년 만에 교도수가 2만 명으로 늘었고, 교명을 대종교로 고쳤다. 1910년 한국병탄 후 울분을 품은 채 지내다가 1916년 구월산 삼성사에서 일제의 학정을 고발하는 유서를 남기고 자결했다. 『삼일신고』, 『신단실기』 등의 저서가 있다.

박재혁 의사를 비롯하여 항일투사들은 국치를 전후하여 순절한 선열들의 뜻을 이어 조국광복전쟁에 나섰다.

국치 시기에 태어나

부산의 평범한 가정에서 태어나

박재혁은 1895년 5월 17일 부산 범일동 183번지에서 아버지 밀양박씨 희선(喜善)과 어머니 경주이씨 치수(致守) 사이에서 3대 독자로 태어났다. 누이동생 명진(明珍)이 있었다. 아버지는 상당히 개명되고 청빈한 분으로 알려지지만 이 땅의 수많은 민초처럼 그는 평범한 부모 밑에서 평범하게 출생하였다.(원적은 183번지이고, 본적은 여동생 박명진이 오빠가 왜관곡물무역상사로부터 차입했던 700원을 갚아주기 위해 183번지의 집을 팔고 550번지로 이주하면서 본적을 정정한 것으로 추측된다)

박재혁 의사 어머니 이치수 여사 ⓒ 유족 제공 박재혁 의사 여동생 박명진 여사 ⓒ 유족 제공

하지만 그가 태어난 시기는 평범한 시대가 아니었다. "어쩌다가 비 오는 날에 태어난 하루살이"란 말이 있듯이, 사람은 어느 시대에 태어나는가에 따라 길흉화복의 운명이 갈라진다. 박재혁의 짧은 생애와 위대한 의거를 알기 위하여 그의 출생 전후 나라 사정을 살펴보자.

그가 태어나고 자란 1890년대는 한국사에서 일찍이 겪어보지 않은 격랑기였다. 개화의 선각으로 알려진 김옥균이 1894년 2월 상하이에서 조정에서 밀파한 홍종우에게 암살당하고, 3월에는 전봉준을 중심으로 하는 동학농민군이 부패한 관권에 저항하며 전라도 백산에서 봉기하였다. 동학농민혁명이 발발한 것이다.

5월에는 일본군이 청군에 이어 인천에 상륙하여 조선의 내정에 개입한 데 이어 동학군을 무차별 학살하고, 정부는 뒤늦게 갑오개혁(갑오경장)에 나섰다. 동학군은 12개 조의 폐정개혁안을 정부에 제시했으나 묵살되고, 일본군의 침략행위에 맞서 2차 봉기를 결행하였다.

박재혁이 태어난 해 3월 29일 전봉준이 처형되고, 8월 20일 명성황후가 일본인들에 의해 죽임을 당하였다. 정부는 11월 15일 단발령을 내렸다. 명성황후 살해와 단발령에 반발하며 전국 각지에서 의병이 일어났다. 을미의병이다.

박재혁이 한 살이 되던 1896년 2월 아관파천 즉 고종이 러시아공사관으로 파천하고, 3월에는 김구가 일본 육군 중위 쓰치다 조스케를 처단하였다. 명성황후 암살에 대한 보복이었다. 4월 7일 갑신정변 실패 후 미국에 망명했던 서재필이 귀국하여 서울에서 최초의 민간신문 『독립신문』을 창간하고, 우리나라 최초의 시민단체인 독립협회가 설립되었다.

고종은 1897년 10월 조선의 국호를 대한제국으로 고치고 황제 칭호와 광무 연호를 사용함으로써 청국과 사이의 전통적인 종속관계를 청산하고 자주독립국이 된 것을 내외에 선포하였다. 하지만 국력이 뒷받침하지 않은 자주독립 선언은 허상에 그치고, 청국은 물론 일본과 러시아, 서양 제국의 먹잇감의 처지는 바뀌지 않았다.

박재혁의 소싯적 행적은 알려진 것이 없다. 특별할 것이 없는 서민 가정의 어린이에 대해 누구라도 관심을 보일 이유가 없었을 것이다.

박재혁은 조선왕조 말기에 태어나 대한제국에서 유년기를 보내었다. 15세 때에 국권이 일제에 병탄됨으로써 박재혁은 감수성이 강한 시기에 국치와 일제식민지 초기를 겪게 되었다. 그리고 일제와 치열하게 싸우다가 짧은 생애를 마감하는, 불운의 시대에 불우한 삶을 산, 그러나 운명의 승리자가 되었다.

박재혁이 태어나 자란 부산은 일본과는 남다른 악연이 깃든 지역이다. 고려말부터 시도 때도 없이 왜구가 침범하여 주민 살상과 노략질을 일삼던 일본은 1592년 4월, 21만 명의 대군을 몰아 조선을 침략하였다. 임진왜란이다. 왜군이 가장 먼저 침공한 곳은 부산이었다. 임진왜란이 일어나자 부산 첨사 정발(鄭撥)은 부산진성을, 동래부사 송상현(宋象賢)과 양산군수 조영규(趙英圭)는 동래성을, 다대포첨사 윤흥신(尹興信)은 다대포성을 각각 사수하다가 장렬하게 전사하였다.

이들 전투에서 주민들은 앞을 다투어 왜군과 싸워 성을 지키는 과정에서 많은 사람이 희생되고, 전후 조정으로부터 선무원종공신의 칭호와 은전을 받은 사람이 무려 66인이나 되었다. 1876년의 병자수호조약으로 부산포가 개항장으로 지정되고, 부산에 조계(租界)가 설치되었으며 일본·청국·영국의 영사관이 들어섰다.

부산은 일본과의 지리적 인접성 관계로 1908년 경부선 철도가 개설되고, 1909년에는 부산과 일본 시모노세키 사이에 정기 연락선이 취항하여 한국과 일본의 관문이 되었다.

지령(地靈)이 인걸(人傑)을 잉태한다는 말이 전한다. 굳이 풍수도참설이 아니더라도 역사와 사력(史歷)이 깃든 곳에서 인물이 태어난다. 결코 사막에서 장미는 피지 않는 법이다.

박재혁은 일본과의 운명적인 대척 관계에서 성장하였다. 어렸을 적부터 부모와 이웃들로부터 옛날의 임진·정유왜란 이야기, 삼포의 왜구 침략이야기, 성장하면서는 개항장 관련 얘기를 듣고 자랐다.

박재혁이 15세 때인 1909년 1월 11일에 여동생 명진이 태어나고 그해 12월 10일에 아버지가 돌아가셨다. 넉넉지 못한 살림은 어머니가 삯바느질과 막노동으로 꾸려나갔다. 총명하고 교육열이 높았던 어머니는 어려운 살림 속에서도 박재혁을 부산진사립육영학교(현 부산진초등학교)에 입학시켰다. 개화되는 세상에서 자식이 시대에 뒤떨어져서는 안 된다는 생각이었다. 공립학교에 비해 납입금이 적지 않았던 까닭에 어머니의 노고는 그만큼 많아졌다.

이 학교는 원래 부산진 유지들이 운영하던 서당 육영재(育英齊)를 신학문의 사조에 따라 1908년 사립보통학교로 개편한 것으로, 1909

국치 시기에 태어나

년 4월 당국의 허가를 받고, 1911년 5월 다시 부산진보통학교로 개편되었다. 부산에서는 일찍 개설된 신학문의 요람이 되었다.

박재혁(朴載赫), 최천택(崔天澤), 김인태(金仁泰), 김병태(金鉼泰), 전영호(田永昊), 전성호(田性昊), 김영주(金永柱), 백용수(白龍水) 등은 이 학교를 같이 다녔다.

1907년부터 전개된 국채보상운동은 1905년 을사늑약에 의해 일제에게 국권을 빼앗기고 국권회복운동이 절정을 이루었던 시기에 애국계몽운동의 일환으로 전개된 범국민적 저항운동이었다. IMF 때 '금모으기 운동'도 이와 유사한 애국 운동이었다. 국채 1천 3백만 원을 갚기 위하여 대한제국 국민이 벌였던 국채보상운동이다. 일본은 1894년 청일전쟁 때부터 조선에 적극적으로 차관을 주어 수차례에 걸쳐 차관 대여를 성립시켰다. 이는 조선의 재정을 일본에 예속시킴으로써 조선의 식민지화를 가속시키고자 한 방편 가운데 하나였다.

9세기 말 유럽의 제국주의 열강은 아시아, 아프리카, 아메리카 등의 피식민지 국가에 차관을 빌려주고 그것을 빌미로 지배력을 강화하는 정책을 펼쳤다. 당시 조선인들은 베트남, 인도, 폴란드, 이집트, 오키나와 등이 이미 외채로 국권을 잃은 현상을 목도함으로써 일본에 진 국채(國債)를 갚아 망국의 위기를 극복하고자 하였다.[1]

1907년 국채보상운동이 전개됐을 때 동래, 부산에서는 여성들이 부산항 좌천리 감선의연(減膳義捐)부인회, 부산상의소 단연(斷煙)동맹부인회, 영도 국채보상부인회를 조직해서 호응했다. 부산지방에서 이 운동의 모금에 참여한 건수는 〈대한매일신보〉에 따르면 모두 41

건이다. 이 가운데 좌천, 범일지역이 13건으로 가장 많이 참가했는데, 특히 부산 육영학교에서는 교장 김상하(金庠河) 외 75명이 참여했으며, 개성학교 부산진지교(부산독립운동사 자료에는 '개성학교부산분교, 좌천제학도 5원 20전, 출전 1907.5.22.로 기록되어 있음)도 이 운동에 참여하였다.

모금에 참여한 70여명의 학생 중 박재혁 외에 최천택, 김영주, 백용수의 이름도 보인다, 이들은 박재혁 부산경찰서 투탄의 연루자였다. 이처럼 어릴 때부터 교분이 있었던 박재혁과 그 친구들은 민족의식이 함양되고 있었음을 짐작할 수 있다.[2]

박재혁은 부산진보통학교에서 10대의 소년 시절을 활기차게 보냈다. 아버지를 일찍 여의고 어려운 가정사였으나 구김살 없이 활달한 성격으로 성장할 수 있었던 것은 어머니의 교육열과 따뜻한 보살핌 때문이었다.

항일전통의 부산공립상업학교 입학

박재혁의 짧은 삶에서 가장 중요한 계기는 부산공립상업학교에 진학한 일이다. 이 학교는 한말에서 일제강점 초기 민족교육의 요람이었다. 교장과 교사들은 일본인이었으나 학생들은 모두 한국인이었다.

국치 시기에 태어나

박재혁은 '부산공립상업학교'에서 역사의식과 시대정신을 깨우치고 의형제를 맺은 친구들을 만나게 되었다. 부산공립상업학교는 나중에 교명이 몇 차례 바뀌어 현재는 개성고등학교라는 명문 공립으로 자리 잡게 되었다. 고 노무현 전 대통령이 부산공립상업학교 후신인 부산상업고등학교(현 개성고등학교) 53회 졸업생이고, 인문학자 고 신영복 선생은 46회 졸업생이다. 이들뿐 아니라 상업학교인데도 정치·경제·사회·문화·체육·음악·예술 등 각 분야의 우수한 인재들을 대량 배출하였다.

이 학교 출신으로 2018년 10월 현재 국가에서 독립유공자 서훈을 받은 분이 30명이고, 일제강점기 이 학교 학생들을 중심으로 전개된 항일독립운동 사건이 19건에 이르렀다. 단일 학교에서 서훈자나 학생운동이 이토록 많이 전개된 경우는 전국적으로도 사례를 찾기 어렵다. 그 중심에 박재혁이 있었다.

역사학자 E. H. 카는 "필연은 우연히 옷을 입고 나타난다"라는 의미 깊은 말을 한 적이 있다. 박재혁이 이 학교에 입학한 것은 생활이 어려워 졸업 후 은행이나 금융기관 등 취업을 위해 택했을지 모른다. 하지만 이 학교에 다니게 되면서 평범한 학생이 비범한 정신을 갖게 되고 항일투쟁의 선봉에 서게 되었다. 그리고 이 학교에 항일운동의 전통을 남겼다.

사람은 언제, 어디서, 누구를, 어떻게 만나느냐에 따라 명운이 갈리거나 바뀌기도 한다. 개인사는 물론 인류문화·문명사가 다르지 않다. 기독교는 예수가 베드로를 만남으로써 세계적인 종교가 되고, 불

(竹商店舗行) PUBLIE COMMERCIAL SCHOOL, FUZAN. 釜山公立商業學校

박재혁 의사가 재학했던 부산공립상업학교 교정 ⓒ 개성고등학교 역사관

교는 석가모니가 가섭(迦葉)과의 염화미소(拈華微笑)를 통해 불심을
전하게 되고, 서양 철학사는 소크라테스와 플라톤의 만남으로써 아
테네의 울타리를 벗어날 수 있었다.

우리의 경우 동학(東學)은 조정의 혹독한 탄압에도 최제우가 최시
형을 만남으로써 교통(敎通)을 전수할 수 있었으며, 광산업자 이승훈
은 도산 안창호를 만남으로써 독립운동에 헌신하는 계기가 되었다.
장준하는 함석헌을 만나면서 『사상계』를 일약 대중적 정론지로 만들
고, 노무현은 부림사건 변론을 맡으면서 문재인과 함께 인권변호사
로 변신하고, 두 사람은 대한민국의 대통령이 되었다.

다소 먼 길을 돌아서 온 것은 박재혁이 공부하게 된 부산공립상업
학교와의 인연을 살피기 위해서이다. 그 당시 박재혁이 이 학교에 들

어가지 않았다면, 전혀 다른 삶을 살았을지 모른다. 우연히 또는 필연이라는 운명의 끈에 따라 입학한 부산공립상업학교에서 그는 새삼 나라 망한 아픔을 깨닫게 되고 민족의식을 키웠으며, 뜻을 함께하는 친구들을 만나게 되었다.

1911년 3월 22일 부산진공립보통학교를 마친 박재혁은 가정형편이 어려워 1년 후인 1912년 4월 부산공립상업학교에 입학하였다. 그가 이 학교를 택한 것은 앞서 소개한 대로 생계가 어려운 가정을 돕겠다는 경제적인 이유와, 부산은 상하이·싱가포르 등 국제항구 도시와 교역이 이루어지고 있어서, 해외로 나갈 수 있는 길이 비교적 수월하다고 판단했던 것 같다.

박재혁은 부산공립상업학교에 다니면서 최천택(崔天澤)·오택(吳澤)과 각별하게 사귀었다. 두 사람은 박재혁처럼 남자 형제가 없는 독자들이어서, 쉽게 가까워졌다. 세 사람은 좌천동 소재 증대산(增大山)에 올라 의형제를 맺고 부모상 때는 서로 상주(喪主)가 되어주고, 다른 대소사가 생기면 형제처럼 서로 돕고 살자고 약속하고 다짐하였다. 세 사람은 이후 피를 나눈 형제 이상의 돈독한 관계를 유지하게 되었다. 최천택은 박재혁보다 한 살 아래이고 오택은 두 살 정도 연하여서, 박재혁이 장형 노릇을 하였다.

세 사람은 학교 성적도 우수했지만 생각하는 것이 크게 다르지 않았다. 각기 의협심이 강하고 개성이 있어서 자주 어울렸다. 만나면 자연스럽게 시국 이야기를 나누고 나랏일을 걱정하게 되었다.

이런 우정이 쌓여서 이들은 우리나라 역사책을 찍어 돌리고, 구세단이라는 비밀 써클을 조직하는 등 소년 독립운동가 노릇을 한다. 뒷날 함석헌이 쓴 시 「그 사람을 가졌는가」는 바로 이들의 관계에도 해당이 될 것 같다.

그 사람을 가졌는가

만리길 나서는 날
처자를 내맡기며
맘 놓고 갈 만한 사람
그 사람을 그대는 가졌는가

온 세상 다 나를 버려
마음이 외로울 때에도
'저 맘이야' 하고 믿어지는
그 사람을 그대는 가졌는가
탔던 배 꺼지는 시간
구명대 서로 사양하며
'너만은 제발 살아다오' 할
그 사람을 그대는 가졌는가
불의의 사형장에서
"다 죽여도 너희 세상 빛을 위해
저만은 살려 두거라" 일러줄

국치 시기에 태어나

그 사람을 그대는 가졌는가

잊지 못할 이 세상을 놓고 떠나려 할 때
"저 하나 있으니"하며
빙긋이 웃고 눈을 감을
그 사람을 그대는 가졌는가

온 세상의 찬성보다도
'아니' 하고 가만히 머리 흔들 그 한 얼굴 생각에
알뜰한 유혹을 물리치게 되는
그 사람을 그대는 가졌는가.[3]

떡잎부터 남다른 모습

『동국역사』 비밀리에 찍어 배포

박재혁이 다닌 이 학교 출신들은 민족의식이 강하여 병탄 직후부터 해방이 될 때까지 줄기차게 항일독립운동을 전개하였다. 앞에서 잠깐 소개한 대로 박재혁을 비롯하여 서훈된 독립유공자가 30명에 이르고, 최천택과 박재혁 등이 주도한 구세단(救世団) 사건 등 항일구국운동이 19건에 이르렀다. 일제강점기 1개 고등학교에서 이같이 많은 항일결사 독립운동이 전개된 것은 유례를 찾기 어렵다.

박재혁은 15세 때에 나라가 망하는 국치를 당하였다. 당시는 아직 철부지였으나 1910년 8월 29일 나라에 무슨 일이 일어났는지, 어른들의 말에서, 그리고 학교 선생님을 통해 사정을 알게 되었다. 이후 부산공립상업학교에서도 예외 없이 일본어를 배우고 우리나라 역사 아닌 일본 역사를 공부하면서부터 나라를 일본에 빼앗겼다는 사실을 실감할 수 있었다.

부산 거리에는 하루가 다르게 일본사람들이 설치고 상점에는 각종 일본상품들이 진열되었다. 허리에 긴 칼을 찬 일본 순사와 헌병들이 걸핏하면 한국 사람들을 거칠게 두들겨 패거나 붙잡아 가고, 그들은 길거리에서 일본말을 공공연하게 지껄여댔다.

박재혁은 국치를 겪으면서 사회의식과 역사정신에 눈이 틔었다. 정의감이 강해지고 따라서 리더십이 발현되었다. 시대상황이 그렇게 만들었겠지만, 타고난 바탕도 있었던 것 같다.

박재혁은 병탄 3년 후인 1913년, 2학년 때 학우 최천택·김병태·박홍규 등과 함께 당시 발매는 물론 읽는 것조차 금지되었던 『동국역사』를 등사기로 찍어 자신들의 학교는 물론 동래고보·부산진일신여학교 등 부산지역 주요 학교와 학생들에게 배포하기로 하였다. 『동국역사』는 부산진공립보통학교 은사가 소지하고 있던 것을 차용했다.[4] 애국학생들이 이런 일을 하게 된 데는 시대적·사회적 배경이 있었다.

일제가 조선을 병탄한 후 가장 먼저 서두른 일은 전국적으로 우리나라의 사서(史書)를 약탈 소각하는 것이었다. 초대 총독 데라우치는 취임하자마자 총독부에 취조국을 설치하면서 내세우기는 '조선의 관습과 제도조사'라고 했지만 실제 목적은 이른바 '불온서적'의 압수에 있었다. 병탄 이틀 후인 1910년 10월 1일부터『관보』를 발행하는 기민성을 보인 총독부는 그해 11월에 설치한 취조국을 통해 전국의 각 도·국 경찰과 헌병을 총동원하여 조선의 사서를 비롯하여 전통·문화·예술·인물·전기·열전·충의록·무용전에 이르기까지 전국을 뒤져 압수하기 시작했다.

서적의 압수는 서울 종로 일대의 서점은 말할 것도 없고 경향 각지에서 행해졌다. 총독부가 눈에 불을 켜고 찾은 서적은 특히 단군관계의 조선고사서를 비롯한 각종 역사서가 중심이었다.

이와 함께 조선지리와 신채호의 을지문덕 등 애국충절을 고취하는 내용, 『미국의 독립사』, 『월남망국사』 등 외국의 역사책도 압수했으며, 『유년필독』과 같은 우리나라 어린이들의 교과서, 심지어 조선시대의 창가집까지도 빠지지 않고 강탈해갔다.

이 같은 총독부의 서적 수색·압수·소각 작전은 1918년 말까지 8년

떡잎부터 남다른 모습

간에 걸쳐 저질러졌다. 초기에는 위협과 '대출'의 명목으로 수거하다가 나중에는 강제로 수색하고 수거한 책을 주인에게 되돌려 주지 않음으로써 크게 물의를 빚고, 따라서 소장자들은 더욱 깊숙이 은닉하게 되었다. 이 기간 동안 총독부에서는 우리 사서 20여만 권을 수거하여 불태우고 중요한 서책은 일본으로 가져갔다.

박재혁과 최천택·김병태·박홍규 네 친구는 어느 날, 일제가 우리나라 역사책을 모조리 불태우고, 학교에서는 일본 역사만 가르치는 데 대해 분노하면서 대책을 의논하였다. 일본 순사들이 가정집은 물론 학교나 향교·종가에 보관된 각종 고서와 족보까지 빼앗아갔기 때문이다.

"그래, 우리의 족보도 거두어 불태워 버린다는 소문이 들리던데."

"이대로 가다가는 얼마 안 가서 우리 모두가 왜놈이 다 되어 버리고 말겠어."

"그래서 하는 말인데 우리의 뿌리인 우리나라 역사를 우리 학우들에게 알리자는 거야."

"어떻게..."

"여기 동국역사라는 우리나라 역사책이 있어. 이것을 인쇄해서 우리 학우들에게 나누어 주면 돼!"

"우리 네 사람이 힘을 합하면 할 수 있어.

그런데, 비밀이야. 철저하게 비밀로 해야 해."

"비밀로 하는 것은 문제없지만......"

"등사기구는 어떻게 구하지?"

"염려 마...... 이미 내가 여기저기 다 알아봐 놓았으니까."

모든 준비는 최천택과 박재혁이 맡아 하기로 하고 준비가 되는 대로 최천택의 사랑채에 모여 인쇄에 들어가기로 했습니다.

이들은 학교 공부를 제쳐두고 국사책 인쇄하는 데 온 정성을 쏟았습니다.[5]

일제의 '금서정책'에 맞서다

박재혁 등이 등사하여 비밀리에 배포하기로 한 『동국역사(東國歷史)』는 1899년 9월 대한제국 학부에서 한말 대표적인 역사가의 한 분인 현채(玄采)가 편저하여 소학교용 교과서로 간행한 2책이다. 제1책은 단군조선에서 통일 신라까지, 제2책은 고려시대사를 수록하면서 앞부분에 단군과 기자·삼국·고려·조선의 역대 국왕일람표, 역대 왕도(王都)의 일람표를 작성하여 실었다.

당시 학부 편집국장 이규환이 책의 서문에서 "이 책은 『동국역대사략』이 한문으로 중학교 교과서로 간행되었는데, 소학교용으로 하기 위해 이를 다시 국한문으로 편집하였다"라고 의도를 밝혔듯이 학생용 교재였다.

떡잎부터 남다른 모습

위) 동국역사책 1, 2권

아래) 동국역사책 2권과 책 내용

ⓒ 구글

총독부는 『동국역사』를 비롯하여 『유년필독』 등 청소년용 역사교 재들과 한글 관련 『국문과본』, 민족정신 관련 『애국정신』, 노래집 『찬 미가』 등을 가리지 않고 압수·소각하였다.

네 명의 학생들은 최천택의 집에서 『동국역사』를 등사기로 한 장 한 장 밀어 1차로 110권을 찍었다. 1차분을 민족의식이 강한 동래고 보·일신여학교 등에 배포하고, 2차분 70권을 만들어 부산시내의 다 른 학교에, 그리고 3차분 90권을 다시 만들어 최천택의 집에 보관했 다가 희망하는 학생들에게 보내주기로 하였다. 그러나 얼마 후 최천 택의 집이 일경에 수색당하면서 3차분은 압류되고 그는 체포되어 심 한 고문을 당하였다. 최천택은 끝까지 '단독소행' 이라고 말하여 친구 들을 보호하였다.

1차 배본은 무사히 끝났습니다.

경찰의 눈을 피해가며 한 일이 되어서 심장이 두근거리기도 했지 만, 마침내 해내고 말았다는 큰 보람으로 가슴이 벅찼습니다.

이에 용기를 얻은 이들은 2차 배본을 위해 학교 수업이 끝난 후 최 천택의 사랑채에 다시 모였습니다.

"이번에는 다른 학교를 상대로 나누어 주어야 하는데 좋은 방법 이 없을까?"

사실 여러 학교의 대표를 만나 일일이 설명을 해야 하고 게다가 그 학교의 형편도 잘 모르기 때문에 그만큼 더 위험이 뒤따랐습니다.

"각 학교의 대표를 이리로 오게 하자."

떡잎부터 남다른 모습

"연락 방법은?"

"각자 한 곳씩 맡아 발로 뛰어야지."

"그게 좋겠구만."

이렇게 해서 각 학교 대표 학생들을 하나둘 불러서 2차분으로 70권을 나누어줄 수 있게 되었습니다. 아무 탈 없이 2차 배본까지 무사히 끝냈습니다. 이제는 잡혀가도 여한이 없겠다는 생각까지 들었습니다.

처음 시작할 때는 혹시나 비밀이 탄로 나 잡히면 어쩌나 무척 걱정이 되었지만, 이제는 어느 정도 목적을 달성했기 때문에 자신감과 용기가 생겼습니다.

3차분으로 또 90권이 완성되었습니다. 이것은 최천택이 보관해 있다가 희망하는 학생이 있으면 보내주기로 했습니다.[6]

일제는 병탄 초기에 각종 사서를 수거하고 불태운 데 이어 식민체제가 강고해지면서 더욱 야만적인 학술·언론탄압을 저질렀다. 일제강점기 내내 지속된 학술과 언론탄압의 기저는 철저한 금서정책과 학술·언론·출판의 통제에 있었다. 일제의 반문명적인 금서의 기준은 다음과 같다.

첫째, 민족사상의 말살책동으로서 우리의 역사책이나 의사·열사·영웅들에 관한 전기류·족보·만세력까지 포함된다.

둘째, 전통문화나 고유문화를 말살시키고자 하여 이에 대한 조선의 인문·지리·풍습에 관한 서적.

셋째, 우리의 독립정신을 저해시키고자 하여 외국의 독립운동사나 망국사와 같은 외국 역사책.

넷째, 민족혼을 일깨우지 못하도록 하기 위한 무궁화나 태극기에 관한 책.

다섯째, 서양의 민주주의 사상이나 러시아의 사회주의 사상에 관한 일체의 문헌.

여섯째, 농민운동·청년운동·여성운동 또는 야학 운동 같은 내용을 다룬 책 등이다.

조선총독부는 식민지배에 어긋나는 내용이나 민족운동에 관계되는 모든 책을 압수하거나 불태웠다. 이리하여 일제강점기 동안 금서로 묶인 책들이 500종이 훨씬 넘는다. 처음부터 검열에 걸려 출판조차 되지 못한 것과 검열에 걸릴 것을 우려하여 출판을 포기한 것까지 포함하면 금서의 종류는 훨씬 많아진다.[7]

박재혁을 비롯한 애국학생들은 일제의 야만성에 굴복하지 않고, 학생들에게 우리 역사를 읽히도록 『동국역사』를 등사기로 한 장 한 장 찍어 책을 만들고, 일경 몰래 학교와 학생들에게 나눠주었다. 이 사건은 부산지역 학생·학교에 상당한 파문을 일으켰다. 박재혁 등은 이때부터 '요주의 인물'로 낙인되었다. 최천택은 구속되어 심한 고문을 당하고 10일 만에 풀려나왔다.

'구세단' 결성 항일투쟁

박재혁과 학교 동기이거나 선후배 관계인 최천택·김병태·박홍규·왕치덕·조영상·오택 등 16명은『동국역사』비밀배포가 오래지 않아 일경에 적발되면서, 다른 방법을 강구하였다. 이들은 1914년 4월 신학기 수업시간이 끝난 어느 날 인적이 드문 증대산에 올라 비밀결사 구세단(救世団)을 조직하고 본격적으로 일제에 저항하기로 하였다.

일본 제국주의에 맞서 세상 즉 조국을 구한다는 신념으로 구세단을 결성하고, 매월 1회 등사판 잡지 <단보(団報)>를 발간하여 부산과 경남 일대의 항일인사들에게 배포하였다. 한사람이 한 꼭지씩을 기고하기로 약속했기에, 박재혁도 글을 썼을 것이지만, 아쉽게도 이 잡지는 모두 압수되어 현존하지 않는다. 이를 통해 동지들을 규합하고 항일의식을 고취하고자 하였다.

『동국역사』배포사건 이후 박재혁과 최천택 등은 '불온학생'으로 낙인되어 고등계 형사들의 추적과 미행을 당하고 있었다. 그런 속에서도 이들은 추적자들을 따돌리면서 구세단 활동을 멈추지 않았다.『동국역사』사건으로 민족의식이 배양되고 그만큼 담대해졌으며 배일정신이 솟구쳤던 것이다.

국권이 상실된 이후 부산공립상업학교에 다니면서 박재혁과 동지들은 나라를 되찾는 일에 의기투합하였다. 이와 같이 선생이 처음 민족의 현실을 직시하며 민족의식을 갖게 된 것은 최천택 등 동지들

왼편 한복 차림의 박재혁 의사 – 부산공립상업학교 재학 때 급우들과 함께 ⓒ 개성고등학교 역사관

　　　　　　　떡잎부터 남다른 모습

과 교류하면서부터였다. 이들은 피를 나눈 형제보다 가까운 사이로 1912년 이후 부산공립상업학교에 입학하면서 독립운동에 투신하고자 하였던 것이다.

박재혁의 친구인 최천택이 훗날 남긴 글에 따르면, "암암리에 동지 규합에 힘을 기울여 박재혁·김인태(金仁泰)·김병태(金鉼泰)·김영주 (金永柱)·장지형(張志亨, 장건상 조카)·오택 등 친구들과 매일 만나 독립운동에 대한 전도를 모의하였다"고 한다. 이처럼 박재혁은 부산공립상업학교에 들어가면서부터 반일 민족운동 조직에 참여하였으며 이를 실천하는 일에 투신하였던 것이다.[8]

일제강점기 국내에서 그것도 일경의 블랙리스트에 올라 있는 학생들의 비밀 서클활동이 오래 가기는 어려웠다. 구세단 창단 6개월 만에 조직이 탄로 나고 주도자 박재혁과 최천택·오택(학적부→오영식, 산소비석→오재영, 다른 이명은 오준영도 있음)·박홍규·김인태 등 4인은 일주일 동안 구속되어 혹독한 고문과 배후 관계를 대라는 수사를 받았다.

왜경의 모진 고문으로 자제들이 반주검 상태라는 것을 안 학부형들이 경찰서에 찾아가 구세단을 자진 해체한다는 조건으로 석방을 요구하여 간신히 풀려났다. 일제는 학생들을 투옥하고 재판에 회부할 경우, 이들이 법정에서 일제의 야만성을 성토하고, 조선의 독립을 요구함으로써 일반 학생들이 동요할까 봐 서둘러 풀어준 것이었다.

구세단 사건의 주도자들은 풀려났지만, 이 사건이 부산시내 학생들에게 미친 영향은 적지 않았다. 학생들을 크게 각성시킨 것이다. 그런데 구세단이 학생들의 자발적인 항일지하 조직이었는지, 외부의 독립운동 단체와 연계된 것인지, 구세단 단장 최천택이 남긴 글이다.

15세 때인 1910년 8월 소위 일한합방이라는 흉보를 듣고, 천지가 진동하는 듯하여 민심은 극도로 흥분되고 어떻게 할 바를 몰랐다. 그리하여 나는 자진하여 광복단(光復団)에 입단하고, 암암리에 동지규합에 힘을 기울여 박재혁·김인태·김병태·김영주·장지형·오택 친구들과 매일 만나 독립운동에 대한 전도를 모의하면서 부산공립상업학교에 통학하였다.[9]

한 연구가는 이를 근거로 독립운동사상 3개의 '광복단'을 상정한다. 구세단이 이 가운데에 어느 광복단과 연계되었는지는 여전히 확인이 어렵다.

첫째, 최천택이 기술한 위의 내용이 1910년 한일병탄이 있고 1, 2년 사이의 일이라고 한다면 약간의 무리한 추측이지만 당시 러시아령으로 망명해 있던 신채호·이동휘 등의 신민회 일부 간부들과 윤세복 등 대종교 계열의 인사들이 결합하여 블라디보스토크에 결성한 광복회와 일정 정도 연관을 가졌을 단체일 가능성을 유추해 볼 수 있다.

광복단이란 명칭과 관련하여 두 번째로 추측해 볼 수 있는 것은

떡잎부터 남다른 모습

1913년 채기중·이관구 등이 귀국하여 경상북도 풍기를 근거지로 광복단을 결성하였는데 박재혁의 동지 최천택이 언급한 광복단은 곧 이들 풍기의 광복단과 연계된 부산지역의 비밀결사체일 수 있다는 점이다.

셋째는 시간적 편차는 있지만 최천택 자신이 1915년 결성된 박상진의 대한광복회와 일정 정도 관련을 맺고 있었는데 여기에 대해 최천택 자신이 마치 1910년 병탄 직전의 상황이었던 것처럼 회고했을 가능성도 배제할 수는 없다.

어느 쪽이든 최소한 박재혁과 그 동지들은 일찍부터 비밀결사 조직체와 관계를 맺고 항일의식을 키워나가고 있었던 것만은 분명한 사실이다. 1910년대 학생 신분으로 역사책을 읽으면서 항일의식을 키워나가던 박재혁과 그들의 동지들은 마침내 자신들의 비밀결사체인 구세단을 1914년 조직하기에 이른다.[10]

애국혼이 깃든 민족학교

근대교육의 요람 개성학교

어느 시대를 막론하고 소수의 선지자 또는 선각자가 있었다. 박재혁과 최천택 등 소년 독립운동가들은 물론 숱한 독립운동가를 배출한 부산공립상업학교는 총독부의 감시와 탄압의 대상이 되고, 학교운영이 쉽지 않았다. 먼저 이 학교의 설립과정과 교명(校名)의 변천과정을 살펴보자.

1895년(고종 32년)에 선각자 박기종(朴琪淙)을 중심으로 외 4인이 각 300원씩을 갹출하여 근대적 교육의 요람으로 부산 영주동에 사립학교 부산 개성학교(초등과 전기 3년, 후기 3년, 중등과 4년, 고등과 2년, 1903년 학칙)를 설립하였다. 교사 신축과정에서 자금이 부족하자 각 300원씩을 추가 투자하였다.

교명의 '개성(開成)'이란 『주역』 「계사상전(繫辭上典)」 제11장에 나오는 '개물성무(開物成務)' 즉 만물의 이치를 깨달아 모든 일을 이룬다는 뜻이다. '개물(開物)'이란 사물의 뜻을 연다, 사람이 아직 알지 못하는 바를 개발한다. 미개발된 지혜를 연다, 만물의 이치를 깨닫는다는 의미이다.

'성무(成務)'란 사람이 마땅히 해야 하는 일을 정하여 주는 것, 하늘이 하고자 하는 바를 사람이 모두 성취하게 하는 바를 하게 하는 것을 의미한다. 모든 인간은 천부적인 지혜와 능력을 타고나며, 항상적인 변화와 가능성의 존재로서 자연세계에 내재된 질서를 깨닫고 이에 호응하여 자신의 능력을 발현해야 한다는 긍정적인 정신과 적극적인 인간관을 담고 있다.[11]

개성학교는 해방 후 제15대 이영순 교장이 제정하여 지금까지 이어져 온 '교훈'은 다음과 같다.

> 우리는 인품을 함양하고
> 신체를 단련하며
> 실학을 연마하여
> 생활의 힘을 배양한다.[12]

일제는 부산 개성학교를 눈엣가시처럼 여겼다. 학생들의 잇따른 항일운동과 졸업생들이 사회 각계로 진출하여 '의식 있는' 활동을 전개하자 당황한 총독부는 1922년 2월 제2차로 '조선교육령 및 실업학교규정'을 개정한 것을 계기로 이 학교의 학사에 사사건건 개입했다. 심지어 교명까지 바꾸도록 하였다.

개성고등학교(구 부산상고)의 교명은 현재까지 12번이나 바뀌었다. 우리 국권을 강탈한 일본은 식민통치를 펴면서 무력에 의한 통치를 감행하였다. 우리 민족은 이에 항거하여 국권회복을 위한 독립운동을 전국적으로 전개하였다. 이에 당황한 일본은 식민지 정책을 바꾸어 종래의 무단 정치를 문화 정치로 바꾸고 한일 동일 대우를 표방하여 일시동인(一視同仁)이라는 슬로건을 내걸었다.

이에 따라 1922년 2월 제2차로 '조선교육령 및 실업학교 규정'이 개정되어 이해 4월 1일에 학칙을 변경하여 입학자 자격을 수업연한 6년의 보통학교 졸업자로 하였지만, 학교 교명을 일방적으로 부산진 공립상업학교로 변경해버렸다. 전통 있는 부산공립상업학교가 뜻밖에 교명을 고치게 된 배후에는 일본인 위정자들이 한국인 학교를 차별하고 민족정신을 말살하려는 저의가 숨어 있었던 것이다.

전국에서 운집한 수재들이 경제계에 많이 배출되고, 3·1혁명 이후 민족 봉기의 아성으로 쟁쟁한 투사를 낳은 한국인만으로 학교가 장족의 발전을 거듭하고 있는 것을 보고 그들은 기회 있는 대로 탄압을 가해 왔던 것이다.[13]

일본인 학생들과의 차별도 심했다. 불의의 화재로 교사가 소실되자 총독부는 다른 학교와 합병을 서둘렀다. 일제의 잔학상이 미치지 않는 곳이 없었지만, 항일·배일정신이 깃든 각 학교의 경우는 특히 심했다.

개성학교 개교식 ⓒ 개성고등학교 역사관

애국혼이 깃든 민족학교

'교명반대' 동맹휴교 감행

부산공립상업학교 학생들과 학부모 그리고 졸업생들은 총독부의 식민지 교육 방침을 줄기차게 반대하면서 교명 회복운동을 전개하였다. 그러나 1년여 동안의 노력에도 성과를 얻지 못하자 이번에는 창립 이래 처음으로 동맹휴교에 들어갔다.

1923년 졸업반을 제외한 1, 2학년생은 동맹 휴교를 단행하였다. 2학년 몇몇이 주동이 되어 영주동 영선고개 뒷산 광장에 모여 내용을 잘 몰라 어리둥절해 하는 학우들에게 맹휴의 취지와 아래와 같은 경과보고를 하였다.

전통 있는 우리 학교가 불투명한 이유로 갑자기 '부산진상업' 으로 개명이 강요되었다. 이는 일본인들이 다니는 '부산상업전수학교'를 '부산공립상업학교'로 개칭하고자 함에 따라 장차 부산진(서면) 방면으로 이전한다는 전제로 옛날부터 있는 우리 '부산상업'에 '진'자를 하나 더 붙이게 한 것이니, 우리는 어처구니없이 교명을 빼앗기고 만 것이다.

그간 여러 차례에 걸쳐 이 문제에 대하여 건의, 진정을 하였으나 아무런 효과가 없으니 교명을 도로 찾기 위해 부득이 우리들은 맹휴에 이른 것이다. 3학년이 주동이 되어야 함이 원칙이겠으나, 졸업기를 앞두고 그들의 취직 등 장래 문제에 영향이 클 것으로 부득이 2학년이 앞장선 것이다. 우리는 교명의 환원을 위해서는 모든 희생을 각오하였다. 맹휴에 불찬성하는 자는 귀가해도 좋다. 그러나 등교해서는 안 된다.[14]

이리하여 1, 2학년생 일동의 명의로 후쿠시 도쿠해이 교장 앞으로 맹휴의 이유와 요구조건을 제시하였다. 교명 환원, 불성실한 몇 교사의 배척, 각반 상시 착용 반대 등이었다. 동창회 간부 등에게도 연락을 취했고, 일본인 교장은 진주 소재의 경남도 학무 당국에 보고를 해서 학교 내외는 일대 소동이 일어났다.

다음 날부터는 동창회와 학교, 학교와 경상남도 학무 당국 등이 절충을 거듭했으나 좀처럼 좋은 해결책은 나타나지 않았다.

학교는 학교로서 부득이한 사정이 있는 모양이니, 일단 맹휴를 중지하고 이 문제는 동창회에 맡겨 달라는 동창회 간부들의 말에 회의를 품고 오히려 선배들의 무관심함을 항변하기도 하였다.

3일째는 맹휴 학생 대표와 동창회 간부가 학교에 가서 후쿠시 도쿠헤이 교장을 면접, 회담하니 그 자신의 사표를 내어 보이면서 교명을 환원함을 제일 목표로 하고 부득이할 때는 양교 모두가 '부산상업'이란 교명도 못 쓰도록 하고, 그것도 안 될 경우에는 교장의 부덕한 탓이라 자책하여 사임하겠다고 만류하며 빨리 복교할 것을 학생들에게 권고하였다.

4일째 회합 시는 맹휴 중지를 둘러싸고 토론이 거듭되었으나, 졸업반과 동창회 간부들의 간곡한 권유로 등교키로 의견이 기울어지자 등교 이후의 수습 문제에 대한 대책이 논의되어 주동 학생들에 대한 처벌 등에 대해서는 원만한 해결을 하도록 동창회 측에서 책임을 지기로 하여 일단락 지었다.

5일째 2월 10일과 다음 날인 2월 11일은 등교했으나 어수선한 분위기에 싸여 강의를 듣는 둥 마는 둥 했다. 도 당국은 주모자에 대하여 처벌을 주장한 모양이나 동창회와 학부형들의 맹휴생들과의 약속 및 애교심에 불타는 학생들의 행동이었다는 점을 들어 학교 당국과의 교섭으로 무사하게 되었다.[15]

1923년 4월 1일 학칙 변경으로 수업 연한이 3년으로부터 5년으로 연장되고, 교명은 부산제2공립상업학교로 개칭되었다. 1년 전 교명 개칭으로 '부산진공립상업학교'란 달갑지 않은 이름 때문에 파동을 일으키다가 교사를 서면으로 이전하기 전에 영주동 졸업생(12회)을 낳게 하고, 그대로 별다른 성과를 못 본 채 결국 일본인이 다니는 학교가 '부산제1공립상업학교'가 되고, 1922년 4월 부산진공립상업학교는 한국인이 다님에 따라 '부산제2공립상업학교'로 개칭되고 말았다. 학교 교명까지도 일본과 차별 대우를 받았다.

개성고등학교의 동맹휴학은 이번만이 아니었다. 1928년 총독부의 민족차별 교육정책, 악질교원 배척, 교명에 대한 불만에 항거하여 학생들이 다시 동맹휴학을 벌였다. 이때 188명이 퇴학당하는 시련을 겪어야 했다.

총독부의 갖은 탄압 속에서도

1895년 5월에 설립한 개성학교는 몇 가지 특징을 갖추고 있었다. 서울의 배제·이화·경신에 이어 한강 이남에서는 첫 번째 신교육의 기치를 들고 개교한 민족교육의 발상지였다. 위에서 든 3개 학교는 서양의 선교사들에 의해 종교(기독교)의 전도 목적과 함께 신식(서양식) 교육을 실시한 데 비해 개성학교는 순수 민간자본에 의해, 민족의 선각자들에 의해 설립되었다.

개교 초부터 한국인(조선인)만 입학할 수 있었던 학교로 민족교육의 요람이 될 수 있었다. 1910년 8월 29일 일제의 병탄과 함께 이 학교의 수난은 한민족의 수난상을 그대로 보여 준다.

교명과 학제의 변경 과정을 살펴보자.

학제 변경 및 주요 연혁

1895년 창립 시 사립부산개성학교 3년제(1903년 학칙 초등과 전기, 후기 각 3년, 중등과, 고등과 병치)

1897년 한국공립 부산개성학교(정부 보조금 수혜)

1907년 3월 1일 사립부산개성일어학교

1909년 4월 9일 공립부산실업학교 - 중등학교와 보통학교 분리(교사는 공동 사용)

1911년 11월 1일 부산공립상업학교 - 1912년 3월 부산공립상업학교 제1회 졸업

1922년 4월 1일 부산진공립상업학교

1923년 4월 1일 부산제2공립상업학교 5년 - 1927년 3월 제14회 졸업, 5년제 1회 졸업

1944년 4월 1일 부산제2공립공업학교(상업학교와 병설) 공업학교가 되면서 1학년은 한국인, 일본인 반반 모집, 2학년 이상은 부산제2공립상업학교로 해방까지 지속함.

※ 1945년 10월 1일 부산제2공립공업학교는 부산제2상업학교에서 분리, 부산 제1공업학교에 병치됨.(부산직할시 교육위원회 발간 부산교육사 자료)

1946년 1월 1일 부산공립상업학교

1946년 9월 1일 부산공립상업중학교 6년 - 1948년 3월 제35회 졸업, 6년제 제1회 졸업(35회~38회, 6년제)

1950년 5월 17일 3년제 부산상업고등학교 병설 조치로 1951년부터 교명이 부산상업고등학교로 되고 부산개성중학교와 분리 운영. 1952년 제39회 졸업, 3년제 고등학교(제1회) 졸업~2005.2월까지 상업계고 졸업, 상업계는 94회가 마지막 졸업(2007.2), 1995년 6월 4일 개교 100주년 기념행사 (100주년 탑 건립, 설립자 박기종 선생 흉상 제막, 釜商百年史 발간 등)

1998년 3월 3일 제88회 입학식(남녀공학 제1회)

2001년 2월 14일 제88회 졸업식(남녀공학 제1회 졸업)

2005년 3월 1일 개성고등학교 교명 변경(2004년 학칙 개정, 인문계 고등학교로 전환)

2008년 2월 21일 제95회 졸업식(인문고 전환 후 제1회)

2006년 3월 2일 제96회(2006학년도 입학생) 전원 장학생 입학

2013년 6월 4일 개교 제118주년 및 동창회 창립 100주년 기념행사. 동창회 100년사 발간 및 타임캡슐 매설(2063년 6월 4일 개봉)

2016년 2월 12일 개성고등학교 역사관 신축 재개관 및 개교 120주년기념 '백양 3세기' 제Ⅲ권 발행.[16]

2018년 6월 4일 개교 제123주년 기념식

2019년 2월 일 제106회 졸업

애국혼이 깃든 민족학교

개성고등학교 출신 독립유공자 목록[무순]

연번	성명	회수	생존기간	운동계열	훈격	연도
1	박재혁	4회	1895. 5. 17 ~1921. 5. 11	중국방면	독립장	1962
2	최천택	4회	1896. 6. 1 ~1962. 11. 17	국내항일	애족장	2003
3	오재영	4회	1897. 5. 24 ~1948. 8. 30	의열투쟁	애족장	1990
4	강기수	5회	1898. 11. 26 ~1946.	3·1혁명	건국포장	2000
5	정인찬	개성학교	1887. 12 . 27 ~1932. 7. 9	임시정부	애족장	1990
6	윤상은	개성학교 3회	1895. 5. 10 ~1982. 5. 23	3·1혁명	대통령표창	2005
7	심두섭	1회	1894. 10. 24 ~1975. 5. 30	3·1혁명	애족장	1990
8	이종암	1916년 중퇴	1896. 01. 12 ~1930. 05. 28	중국방면	독립장	1962
9	변상태	1911 퇴학	1889. 10. 11 ~1963. 11. 2	3·1혁명	애족장	1990
10	김철수	2회	1896. 5. 4 ~1977. 5. 18	일본방면	애국장	1990
11	김영주	4회	1896. 9. 17 ~1930. 1. 15	의열투쟁	대통령표창	1996
12	최익수	8회	1901. 08. 22 ~1978. 03. 15	3·1혁명	대통령표창	2008
13	심부윤	1924 퇴학	1905. 2. 25 ~1951. 4. 20	국내항일	애국장	1992
14	김규직	16회	1909. 2. 1 ~1929. 2. 13	학생운동	애국장	1996
15	양정욱	17회	1909. 10. 20 ~1931. 11. 30	학생운동	애족장	1995

연번	성명	회수	생존기간	운동계열	훈격	연도
16	장남현	19회	1911. 2. 28 ~1947. 9. 26	학생운동	건국포장	1995
17	이세기	29회	1923. 10. 23 ~1976. 1. 3	학생운동	애족장	1993
18	이병도	28회	1923. 5. 11 ~1991. 11. 21	학생운동	애족장	1993
19	김선갑	29회	1921. 9. 29 ~1942. 4. 5	학생운동	애국장	1993
20	최종근	30회	1924. 2. 3 ~2017. 9. 14	학생운동	대통령표창	2005
21	김장룡	31회	1926. 1. 15 ~2015. 11. 23	국내항일	건국포장	2007
22	윤진옥	32회	1926. 3. 25 ~1950.	국내항일	대통령표창	2009
23	김한경	32회	1927. 4. 28 ~1946. 2. 18	국내항일	애족장	1995
24	어소운	17회	1906. 12. 30 ~1977. 10. 28	국내항일	대통령표창	2002
25	김병태	4회	1899. 1. 14 ~1946	의열투쟁	독립장	1995
26	전병철	32회	1926. 9. 9 ~2010. 6. 12	학생운동	대통령표창	2004
27	최장학	1924 퇴학	1909. 4. 11 ~1987. 09. 12	광복군	애국장	1990
28	양 명	8회	1902. 3. 20 ~미상	중국방면	애족장	2007
29	박성해	8회	1899. 12. 24 ~1929. 6. 19	3·1혁명	대통령표창	2008
30	전창호	34회	1928. 03. 09 ~1993. 10. 27	국내항일	건국포장	1993

개성고등학교 출신 독립유공자 목록 ⓒ 개성고등학교 역사관

애국혼이 깃든 민족학교

| 독립을 위한 개성고등학교 항일학생운동 |

연번	운동명칭	시기	목적·쟁점·내용 등	참여 학생 등	참고사항
1	대붕회 (大鵬會)	1910.	한일합병 소식에 비밀결사대 조직 운동	변상태, 최기택, 성학영 등 16명	부산독립운동사 p.43, 항도 부산 1 2호
2	동국 역사책 사건	1913.	『동국사기』역사책을 등사, 학생들에게 배부하고 탐독케 한 사건(동래고보, 일신여고, 항고녀-경남여고에도 배부)	박재혁, 김병태, 박홍규, 최천택, 김영주 등이 주모자(등사-박홍규 책임)	독립투사 최천택기념사업회 제공
3	구세단 (救世團)	1914.	독립정신 고취 및 수양 강화 실천운동	박재혁, 오택, 박홍규, 김인태, 왕치덕, 장지현, 최천택 김영주 등 10여 명	-
4	2·8 독립학생 운동	1919. 2.8	동경유학생 800여명이 조선독립을 목표로 조선청년 독립단을 조직·활동. 대표 11인 중 김철수(2회, 중심 역할을 함)	일본 동경유학생 800여명 참여, 학생대표 11명(최팔용, 윤창석, 김도연,이종근, 이광수, 송계백, 김철수, 최근우, 백관수,김상덕, 서춘)	김철수(2회) 동문
5	3·1독립 운동	1919. 3.1	민족의 자주 독립운동 3·10 임시휴교, 3.22 제8회 졸업식을 거행하지 못하고 졸업장 우송.	재학생 이남식은 선배동문인 영도 옥성학교 교사 정인찬 지도를 받으며 동료들 운동에 적극 리드	입학시험 3.27 5월 5일 수업 개시, 6.30 전교생 132명 중 18명만 등교
6	동맹휴학	1923. 2.6	교명환원(부산진공립상업학교반대),불성실교사 배척, 각반 상시 사용 반대 등	1,2학년 전교생 참여 3학년 졸업반은 제외	-
7	동맹휴학	1924. 10.9	조선어부섭연장(5학년까지), 박물 두교사 퇴임 요구, 실습기자재 보충 등	2, 3학년생 140여명	-

연번	운동명칭	시기	목적·쟁점·내용 등	참여 학생 등	참고사항
8	호남 학우회 사건	1926. 10 ~1928. 7까지	호남출신 본교 25명이 '호남학우회'을 조직, 회지를 발간하여 회원들이 항일운동을 전개한 비밀결사대	주모자:김귀문, 이성순 -졸업, 최풍룡, 임종호-7월 제적, 유재성, 조용옥 - 6월 제적	조선총독부 판결문에 의함
9	독서회 흑조회	1925 ~1927 까지	민족정신 함양, 항일투쟁, 교양 독립운동 등 1925년-독서회를 1927년 흑조회로 개명하고 월간지 '흑조'발간 활동 함	김규직, 양정욱, 윤태윤, 윤호관 및 동래중학교 학생들 포함	독립유공자 공훈록 6권, 82쪽, 김규직, 양정욱 퇴학됨
10	신간회 부산지회	1927. 7. 30 ~1931. 5.	3·1혁명과 비밀결사 대투쟁 적극참여, 부산청년회를 중심으로 지역사회운동을 전개한 민족주의 좌파세력	김구태, 최천택, 오택, 심두섭, 백용수(6회), 김홍권,김영식, 노상건, 김한규(3회)등 28인 창립, ·회원수 250인 활동	회장:김국태 (개성학교 졸업)상임간사·서무 최천택, 김한규
11	동맹휴학	1928. 6. 18	식민지교육제도 철폐 악질교원 배척, 교명에 대한 불만 표출	5학년을 제외한 전 교생 참여, 188명 퇴학, 192명 정학 처분 받은 사건	188명 퇴학 19회 박장수 동문 있음
12	광주 학생 사건	1930. 11	광주에서 일어난 한일 남녀 학생에 대한 사건에 대해 적극 참여	장남현 외 다수	장남현,임기홍,문길환,박영표,김성태 퇴학
13	사회 과학 연구회	1933. 7. 17	학생비밀 결사대 조직 활동	11명이 피검됨	-

애국혼이 깃든 민족학교

연번	운동명칭	시기	목적·쟁점·내용 등	참여 학생 등	참고사항
14	항일 학생 의거 (일명: 노다이 사건)	1940 11.23	경남 갑종학교 국방전력경기대회에서 심판관 노다이 대좌의 편파적인 판정에 대해 민족차별의식을 강하게 느끼고 일어난 학생 항일운동	동래중학교와 부산제2상업학교 학생들 1,000여명이 시가행진을 하고 노다이 대좌 집을 습격하여 엄중 항의한 사건	(동래중) 퇴학8, 정학34 (부산2상업) 퇴학 9, 정학9, 견책14
15	육독회 (六讀會)	1941년 초	4학년 6명의 학생들이 비밀독서회를 조직하여 학생, 근로자, 일반주민들에게 항일의식 고취 운동	최종근, 김득실, 장정실, 김계호, 김병철, 노창연	최종근(30회)은 옥고를 치르다 해방 후 출옥-대통령 표창
16	무궁단 (無窮團)	1941년 초	소수 정예의 멤버로서 비밀조직을 통한 지하활동-독립쟁취와 항일자주사상 고취, 역사교육의 한 국사 치중, 한국교사 증원 요구 등	김한경, 박이청, 김경언, 김상구, 오성식 등이 주모자가 되어 30여명이 활동한 비밀학생 운동	14명이 체포되어 옥고를 치름. 김한경 출옥 후 모진 고문으로 사망. 1995. 건국훈장 애족장 추서
17	군수 공장 태업 사건	1945. 2	영도 제일공장(로프 제조)에서 강제노동에 대한 불만으로 조직적인 태업 선동	34회, 50명 6개월간 강제노동 동원, 배성명, 장수봉, 황석고 등 주모자	-
18	울산비행장 확장공사	1944. 9.5 초	울산비행장 확장공사, 부수도로건설공사 2개월 동원 시 조직적인 태업(4,5학년생)	부산2상, 마산상업, 울산농림, 김해종업학교 학생 등 동원	주모자 윤진옥(32회) 〈2002,대통령 표창〉전병철
19	부산 공회당 사건	1945. 4.8	미영격멸대회장소인 부산공회장에서 일제파쇼에 대한 격렬한 구호와 함께 반발한 행동	주모자:서봉태, 신사현, 최재규 등이 앞장 섬	-

독립을 위한 개성고등학교 항일학생운동 ⓒ 개성고등학교 역사관

부산공립상업학교는 1910년 한일 강제병합 소식에 비밀결사대인 대붕회를 조직하여 반대운동을 벌였으며, 3·1혁명 시는 김국태(개성학교)를 비롯한 심두섭(1회), 정인찬(개성학교) 등이 독립운동에도 적극 가담함에 따라 일경으로부터 한국인학교의 최고 요주의 학교로 지목받아 아예 휴교가 단행되었다. 이처럼 선배들로부터 항일투쟁 역사는 후학들에게 이어졌다. 박재혁, 최천택, 오택 선배들은 이런 영향을 받았을 것이고, 그 이후로도 찬연히 이어져 많은 독립유공자를 배출하였다. 광복 후에도 1969년 3학년(57회)학생들이 주축이 되어 '3선 개헌 무효'를 기치로 고교생으로서는 부산에서 최초로 가두시위를 벌여 주동자들이 처벌을 받는 등 민주화운동으로까지 이어졌다.

졸업생 노무현 전 대통령

노무현 대통령(제53회 졸업)
ⓒ 개성고등학교 역사관

해방 후에도 부산상고(현 개성고등학교)는 각계각층의 저명인사를 다수 배출하였다. 대표적인 인물은 53회 졸업생 노무현 전 대통령과 46회 졸업생 신영복 전 성공회대학 교수이다.

1963년 2월 진영중학교를 졸업한 노무현은 그해 부산상고에 장학생으로 입학했

애국혼이 깃든 민족학교

다. 이렇게 하여 그는 목포상고 출신인 직전 대통령 김대중에 이어 상고 출신 대통령이 된 것이다.

이것도 '운명'이라면 운명일까, 노무현의 '부산상고'는 어려운 가정 형편에 그나마 고등학교 교육을 받을 수 있는 기회가 되었지만 한편으로는 학벌주의 질곡에 빠진 한국사회에서 '상고출신'이라는 꼬리표가 붙게 되었다.

노무현은 "그렇게 인연을 맺은 부산상고는 내 삶의 '결정적 존재'가 되었다"고 했다. "내가 무슨 일을 하든 언제나 그 이름이 함께 있었다. 고시에 합격했을 때, 국회의원이 되었을 때, 그리고 대통령이 되었을 때도 언제나 '부산상고가 최종 학력'이라는 수식어가 따라다녔다. 그것은 또한 내 정치 인생의 가장 중요한 밑천이기도 했다. 부산상고는 역사가 깊은 학교이다. 구한말 '개성학교'라는 이름으로 문을 연 이래 일제 강점기에는 항일지사를 숱하게 배출했다."[17]

노무현의 부산상고 시절은 어려웠다. 학비는 장학금으로 이럭저럭 해결되었으나 부산에서의 숙식비용은 여전히 어려운 문제였다. 고향의 두 형님은 실업자이고, 늙은 부모님이 산기슭에 고구마를 심거나 취로사업에 나가 번 푼돈으로 생계를 꾸려나가는 곤궁한 살림인지라 막내아들의 생활비를 댈 형편이 되지 못했다. 동급생들도 대부분 가난한 시골 출신이었다. 노무현은 두고두고 모교를 무척 자랑스럽게 여겼다.

노무현 관련 학창시절의 한 기록이다.

2학년 때는 6반이었는데 초량에 사는 양 모 급우의 집에 식사 신세를 지기도 하고, 가끔 기숙을 하기도 하였다. 또 여의치 않을 경우에는 인근에 있는 <아세아독서실>이라는 독서실에서 공부하면서 잠을 자기도 하였다. 그 독서실은 목조건물이고, 빈대마저 있어서 대실료가 싸기 때문에 그곳을 택하였다. 바로 그 독서실에 알바로 총무를 지낸 학생이 54회 최도술 동문이었다. 그는 노무현이 대통령 시절 청와대 총무비서관을 지내기도 하였다.

그는 3학년 3반 취업반이었는데, 당시는 1반부터 4반까지 네 개 반은 취업반이고, 5반부터 8반까지 네 개 반은 진학반이었다. 두 코스에 있어서 교육과목과 담당교사가 달랐다. 키가 작은 편이라 출석번호가 앞에서 57번이었고, 제일 앞줄에서 수업을 받았다.

당시 3학년은 취직시험을 대비하여 아침에 1시간씩 보충수업을 하였다. 그는 부기도 잘했고, 독서를 많이 하여 일반상식도 자신이 있었던지 보충수업은 거의 받지 않고 정시수업시간이 임박하여 교실에 들어오는 일이 많았다. 얼핏 보면 제도에 반항하는 듯한 느낌이 들지만 취직시험에 그만큼 자신이 있었기 때문이었다고 할 수 있다.

그러나 그해에 농협의 신규 채용시험은 종전과 달랐다. 해마다 각 지부별로 6~7명, 모두 30여 명이나 되었는데 낭패가 난 것이다.

그래서 학교에서는 가장 취약한 충청북도지부, 제주도지부, 전라남도지부 등 경쟁자가 약한 곳으로 학생들을 분산시켜 응시하게 하

애국혼이 깃든 민족학교

여 모두 6명의 합격자를 내기도 했다. 그러나 노무현은 한 사람만 뽑는 부산·경남지부에 당당하게 응시하여 억울하게 낙방하고 말았다.

그리하여 그는 부암동에 있는 한 어망 제조업체에 취직을 하였다. 최저생계비에도 못 미치는 저임금과 발등을 다쳐도 치료비조차 주지 않는 고용주의 비정함에 실망하게 되었다. 당시에 그는 부기를 잘하여 경리과에 근무하게 되었으므로 세무서와 은행에 자주 가는 일이 있었다. 외근 시에는 군화를 신거나 잠바를 입고 다니면 안 된다는 상관의 질책을 받은 것이 화근이 되어 퇴사하고 말았다.[18]

졸업생 신영복 전 성공회대 교수

신영복 교수(제46회 졸업)
ⓒ 개성고등학교 역사관

신영복은 1956년 봄에 이 학교에 진학하였다. 인문계에 관심과 소양이 많았던 그가 부산상업고등학교에 진학한 것은 자형이 이 학교 교사여서 사택에서 지낼 수 있었기 때문이다. 아버지가 선거에서 낙선하여 가정 형편이 크게 어려워진 데다 형이 서울에 유학 중이어서 졸업하면 은행에 취직이 될 것이라는 부모의 뜻에 따른 것이다. 한 동창생의 증언이다.

"고교 시절의 신영복을 회상하면 왠지 동자승의 이미지가 먼저 떠오른다. 이는 까까머리에 단아하고 동글동글한 느낌을 주는 외양 탓도 있겠지만, 그보다는 그의 티 없이 맑고 밝은 분위기 때문이 아니었을까 싶다. 또 그가 교직원 사택에 유숙하고 있어 행동반경이 학교와 그 언저리로 매우 제한되었던 점과도 무관하지 않으리라 여겨진다.

동자승을 닮은 인상과 분위기에 걸맞게 순수하고 천진난만했던 그는 당차고 활달한 면모를 보인 예외적인 경우도 없지는 않았으나, 전체적으로는 감수성이 풍부하고 섬세한 심성을 갖고 있었다고 기억된다. 말하자면 이성보다는 감성과 지성이 돋보였다고 할까."[19]

신영복은 가까운 학우 6명과 '은린(銀鱗)'이란 서클을 만들어 시·소설 등 습작 활동을 하고, 학업도 우수한 모범생이었다. 학업성적은 물론 예능과 스포츠까지 다방면에 걸쳐 재능을 보였다.

그는 전교 시(詩) 백일장에서 장원을 하는가 하면 글씨와 그림에서도 남다른 소질을 보였다. 특히 삽화와 만화는 재치 있는 주제 설정이나 자유분방하면서도 섬세함을 잃지 않는 선의 움직임에서 그때 이미 기성 작가의 경지를 넘나들고 있었다. 그는 또한 시 서화나 음률에 통한 사람들이 흔히 결하기 쉬운 운동에도 능하여, 축구에서 씨름까지 못하는 운동이 없어서 공부만 잘하는 백면서생들의 부러움을 사곤 하였다.[20]

애국혼이 깃든 민족학교

신영복은 매달 실시하는 대입 모의고사에서 항상 전교 수석을 차지하고, 한글날 부산시에서 실시한 백일장에서도 차상(次賞)을 차지할 만큼 우수한 학생이었다.

졸업을 앞두고 신영복과 '은린' 멤버들은 울산·방어진·밀양 등 회원 각자의 고향을 함께 여행하는 등 즐거운 청소년기를 보냈다. 신영복은 졸업 때까지 부산에 있는 자형의 학교사택에서 지내다 주말이면 본가로 돌아가 부모와 함께 보내었다. 신영복은 1959년 이 학교를 졸업하였다.

이들 외에 7선 국회의원 정해영(21회), 신상우(43회), 이기택(43회), 우리나라 고등고시 제1호인 부총리 겸 경제기획원장관 김학렬(28회), 한국은행 총재 3명(김진형(11회), 배의환(9회), 이성태(51회), 우리나라 민속학의 선구자이며, 초대 민속박물관장 송석하(9회)), 부일장학회를 설립하여 운영하다가 박정희 정권 때 강탈당한 실업가 및 정치가 김지태(14회), 국방부장관 윤광웅(48회), 제2군사령관 육군대장 김홍한(38회), 음악계의 거장 금수현(24회, 가곡 그네 작곡가), 한국야구의 대명사 김응용(47회), 구포은행 설립자 윤상은(개성학교 3회), 삼성그룹 부회장 이학수(52회), 초대 부산시장 양성봉(6회) 등 너무 많아 기록을 못할 정도로 각계에서 활동한 동문들이 즐비하다.

졸업 후 취업, 김원봉 만나

왜관 곡물무역상에 취업하고

박재혁은 구세단이 활동한 지 6개월 만에 조직이 탄로 나 체포되었다가 심한 고문을 받고 풀려나서도 암암리에 활동을 계속하였다. 1914년 최천택과 함께 마치 지방여행을 하는 척하면서 울산·경주·김해·밀양 등지를 순회하였다.

가는 곳마다 은밀히 동지들을 만나 사귀면서 뜻을 모았다. 밀양에서는 뒷날 의열단을 조직하여 계속된 의열투쟁으로 일제의 간담을 서늘하게 만든 장본인 김원봉과도 만났던 것 같다. 아니면 김원봉이 영남 일대를 순방할 때 부산에서 최천택 등과 함께 박재혁을 만났을 것이다.

김원봉이 중국 톈진의 독일계 학교인 덕화학당(德華學堂)에 입학할 때 최천택이 여비를 지원했었다는 기록으로 보아, 그때 밀양에서 박재혁과 함께 최천택이 김원봉과 만났을 개연성이 적지 않다. 이런 인연으로 하여 박재혁은 1920년 상하이에서 다시 김원봉을 만나 의열단에 가입하게 되었을 것이다.

당시 밀양에는 일합사(一合社)라는 비밀결사가 활동하고 있었다. "조국의 독립을 위하여 청춘의 일편단심을 합한다"는 의미에서 이름을 일합사라고 한 이 조직은 김원봉이 중국으로 유학 가기 직전까지, 그러니까 1914~1915년경에 활동한 것으로 보인다.

일합사는 박재혁 등이 조직한 구세단과 연계하면서 항일구국활동을 하고, 두 조직을 연계한 인물이 김인태였다. 지하조직의 기밀상 구체적 연대나 활동 등은 밝혀진 것이 없다.

다만 이 시기에 박재혁은 밀양에서 김원봉과 만났을 것이고, 이들은(최천택과 3인) 의기상통하여 앞으로 구국투쟁에 함께 하기로 다짐하였을 것이다.

박재혁은 19세가 되던 1915년 3월 22일 부산공립상업학교를 졸업하였다. 제4회 졸업생이다. 3년 동안 이 학교에 재학 중『동국역사』배포사건과 구세단사건 등 고등학생의 신분으로서는 행하기 어려운 일을 하고 여러 가지 고난을 겪었다. 그만큼 정신적으로 크게 성장하게 되었다. 졸업생은 모두 27명이었다.

부산공립상업학교 제4회 졸업사진
뒷줄 왼편에서 세 번째 박재혁, 다섯 번째 오택, 일곱 번째가 최천택
© 개성고등학교 역사관(부산공립상업학교 창립 15년사)

졸업 후 취업, 김원봉 만나

박재혁은 생계가 어려웠다. 마음 같아서는 당장 독립운동 전선에 뛰어들고 싶었지만 언제까지 어머니와 어린 동생에게 가정살림을 맡겨둘 수 없었다. 한때 친구 오재영과 미국으로 갈 계획을 세우고 어학공부를 했으나 여비 마련이 어려워 뜻을 접었다.

그래서 1916년 4월 부산와사전기주식회사 전차 차장으로 취직하였다. 상업학교를 졸업했으니 은행이나 금융기관에 취업하고자 했지만 '학생운동'의 전력 때문에 좌절되었을 것이다. 부산와사전기(주)는 부산궤도(주)와 용미산에 있던 부산전등(주)을 합병한 회사다. 일제강점기 전차 운행과 전등 가설과 가스 공급을 독점했다. 전차 운전기사는 모두 이 회사 직원이었다. 그래서 생소한 부산와사전기(주) 전차 차장으로 취업하였다. 그러나 오래 가지 못하였다. 전차 사고로 한국인의 사상자가 생기고, 주민들이 이에 항의하여 전차를 전복시킨 사건의 배후로 박재혁이 지목되어 곧 해고되었다. 이후 친척인 박국선(朴國善)이 경영하는 경북 왜관의 곡물무역상에서 일을 하게 되었다. 김원봉과 만났을 때 나누었던 해외로 나가는 데는 무역회사가 수월할 것으로 보았다.

박재혁의 생애에 일대 변곡점이 되는 인물, 김원봉에 대해 살펴본다.

김원봉은 1898년 3월 13일(음) 경남 밀양시 내이동 901번지에서 태어났다. 박재혁보다 3년 아래이다. 아버지는 김주익(金周益), 어머니는 이경념(李京念)이다. 어머니는 차남 경봉을 낳고 병사하였다.

위) 항일 군사조직인 조선의용대를 조직한 약산 김원봉(1898~1958). 그는 일찍이 의열단을 조직하여 기관 파괴와 요인 암살 등 여러 차례 무정부주의적 항일투쟁을 전개해 왔다. ⓒ 위키백과

아래) 1910년 조선와사주식회사 ⓒ 부경근대사료연구소

졸업 후 취업, 김원봉 만나

재혼한 천연이(千蓮伊)는 장녀 복잠과 6남 봉철, 7남 봉기, 8남 덕봉, 9남 구봉, 차녀 학봉을 낳았다. 아버지는 박순남(朴順南)이라는 여자를 별도로 두어 3남 춘봉, 4남 용봉, 5남 익봉을 낳았다. 넷째아들 익봉만 아이 때 사망하고, 10명의 자녀는 성장하여 향리에서 살다가 해방 뒤 김원봉의 월북과 보도연맹사건 등으로 아버지는 굶어 죽고, 봉철·봉기·덕봉·구봉 등 친동생 4형제가 처형되는 등 집안이 쑥대밭이 되었다. 할아버지 철화(哲和)는 역관 출신으로 비교적 일찍 개명된 분이었고, 할머니는 천씨(千氏)다. 아버지 김주익은 30여 마지기의 농사를 지으며 중농 정도의 생활을 유지하였다. 김원봉은 김해 김씨 73세(世) 참판공파 42세 손이다.

김원봉의 어린 시절에 관한 자료는 거의 남아 있지 않다. 평범한 시골 농사꾼 10명의 자녀 중의 하나인 그에게 특별한 기록이 있었을 리 없을 것이다.

김원봉과 운명적 만남

김원봉이 7세 때인 1905년 한국의 국권을 일본이 장악하는 테프트·가쯔라 밀약이 이루어지고, 이를 토대로 을사늑약이 강제되었다. 10세 때에는 일제가 한국 농민의 농지를 탈취하는 동양척식주식회사가 설치되고, 11세 때에 안중근 의사가 하얼빈에서 한국침략의 괴

수 이토 히로부미를 처단하였다. 안중근 의사의 이토 처단은 한국의 청년들에게 의협심을 일깨워 주는 일대 쾌거였다. 김원봉 소년도 이 소식을 듣고 아마 의분을 감추지 못하고 덩실덩실 춤을 추었을 것이다. 이듬해 일본제국주의는 조선을 병탄하고 국권을 탈취했다. 김원봉은 12세 때부터 나라 잃은 망국노(亡國奴)의 신세가 되었다. 5백년 조선왕조가 무너진 것이 아니라 4천년 조선의 역사와 나라를 빼앗긴 것이었다.

김원봉이 중국을 무대로 의열단을 조직하고 조선의용대를 창설하여 일제타도에 혈전을 벌였던 것은 어릴 적부터 보고 들은, 국권 상실과 침략자들의 만행과 수탈이 골수에 사무치고, 이것이 성장하면서 행동으로 나타나게 되었다고 할 것이다.

김원봉은 고향의 명소인 영남루 앞을 유유히 흐르는 남천강과, 유서 깊은 표충사, 마을 뒷산인 재약산을 놀이터 삼아 석전(石戰) 놀이를 하면서 성장한다. 나라 망한 을사늑약의 사실을 어른들로부터 들었을 터이고, 조상 대대로 가꿔온 논밭이 동양척식주식회사에 빼앗기는 아픔을 겪었을 것이다. 1910년 8월 29일 나라가 일본에 넘어갔다는 소식을 듣고는, 뒷날 큰 뜻을 함께 펼친 윤세주(尹世胄) 등 마을 친구들과 눈물을 흘리며 복수를 맹세했다고, 뒷날 마을 주민들이 전한다.

8세 때 서당에 들어갔다. 마을 서당에서 여느 아이들처럼『통감』등을 읽으면서 한학을 공부하였다. 11세 때에 밀양공립보통학교에 편입하여 한학에서 '신식'교육을 받게 되었다. 그러나 이때는 이미 조선총독부의 지침에 따라 보통학교에서도 일본어와 일본역사교육이 강요되었다. 잠시 동안의 서당 교육을 제외하면 성장하면서부터 일본식 학교와 일본 교육을 받게 된 것이다.

김원봉은 어렸을 때부터 정의감이 강하여 불의를 보면 참지 못하고 특히 일본식 교육에 반발이 심하였다. 고의로 일본어 수업시간에는 들어가지 않는 등 어린 나이에도 항일의식이 강했다. 시골 학교에서 하나의 큰 사건이 벌어졌다. 1911년 4월 29일 일왕의 생일을 축하하는 이른바 천장절 행사가 밀양공립보통학교에서도 거행되었다. 김원봉이 행사를 위해 준비한 일장기를 빼내어 학교 화장실에 처박아 버렸다.

학교가 온통 난리가 나고, 이 사건으로 김원봉 소년은 윤세주와 학교를 자퇴하고 밀양 읍내에 있는 동학(同和) 중학 2학년에 편입하게 되었다. 우리 속담에 "될성부른 나무는 떡잎부터 알아본다"는 말처럼 김원봉과 마을 친구 윤세주는 이미 소싯적부터 항일의식에 눈을 뜨고 행동하는, 당찬 모습을 보여주었다. 이런 면에서 박재혁과 상통하는 바가 많았다.

두 소년은 보통학교를 졸업하지 못하여 중학교 입학 자격이 없었으나, 이들의 애국적인 행동이 널리 알려져 특별히 동화중학에 편입이 허용되었다. 일제가 지배하는 세상이었지만, 식민지 초기여서 아직 저들의 지배력이 시골구석까지 미치지 못한 상태였고, 국민들의 항일의식이 여전히 남아 있어서 두 소년의 행위가 높이 평가받게 된 것이었다. 동화중학교에서 김원봉은 일생의 지침이 되는 훌륭한

스승과 동지를 만나게 되었다. 전홍표(全鴻杓) 교장 선생과 만남은 성장기 소년에게 정신적으로 커다란 영향을 주었다.

전홍표 교장 선생은 애국정신이 남달리 강했던 민족주의자였다. "우리가 목숨이 붙어 있는 동안 강도 일본과의 투쟁을 단 하루도 게을리 해서는 안 된다. 빼앗긴 국토를 다시 찾고 잃어버린 주권을 회복하기 전에는 우리는 언제나 부끄럽고, 언제나 슬프고, 또 언제나 비참하다." 라고 김원봉과 윤세주에게 민족혼을 일깨워 주었다. 김원봉은 뒷날 두고두고 전홍표 교장 선생의 말씀을 기억하면서 항일투쟁의 일선에 나서게 되었다.

교장 선생의 훈도를 받으며 김원봉과 윤세주는 친구들과 연무단이라는 써클을 만들어 체력단련에 힘썼다. 앞으로 어려운 일을 하기 위해서는 무엇보다 체력이 튼튼해야 한다는 생각이 들었던 것이다. 그래서 한겨울에도 새벽에 마을 뒷산을 오르내리며 산행을 하고 냉수욕을 즐겼다. 새끼줄을 꼬아 만든 공으로 모래밭에서 축구를 하고 씨름도 하면서 체력을 단련시켰다. 김원봉이 험난한 군사훈련과 망명생활, 항일투쟁을 하면서 체력이 버틸 수 있었던 것은 어릴 적부터 단련한 건강이 큰 바탕이 되었다.

체력단련에 힘쓰는 한편 세계의 위인전이나 한국역사·지리, 그리고 중국의 병법을 학습하였다. 모두 교장 선생이 구해다 준 책들이었다. 개천절이면 친구들을 불러 모아 개천가를 부르며 교정을 행진하고 마을 사람들에게도 그 뜻을 알려주었다.

김원봉을 중심으로 하는 학생들의 유별난 행동이 일제 경찰 정보

졸업 후 취업, 김원봉 만나

위) 1914년 부산공립상업학교 학생(좌에서 김인태, 왕치덕, 오택)들이 세계 무전여행을 떠나기 전 밀양의 김원봉을 만나러 갔으나 결국 만나지 못하고 밀양강에서 기념사진을 촬영하였다.

아래) 1946년 의열단장 김원봉이 정공단에 있었던 박 의사 기념비와 산소 등을 참배한 후 의열단원과 함께(앉은 분이 김원봉, 부산공립상업학교 출신들로 좌에서 오택(4회) 왕치덕(3회), 김인태(4회))

ⓒ 개성고등학교 역사관

망에 포착되고, 결국 일제는 전홍표 교장을 위험인물로 지목하여, 학교 폐쇄명령을 내렸다. 일제는 이 학교의 재단이 부실하다는 이유를 내세웠다. 그래서 김원봉은 부모를 조르고 친척들을 찾아가 도움을 요청하여 80원이라는 적지 않은 돈을 모아 교장 선생에게 전달하며 학교를 살리고자 노력하였다. 그러나 일제가 이 학교를 폐쇄한 이유가 따로 있었기 때문에 학교의 회생은 불가능한 일이었다.

학교가 폐쇄되자 김원봉은 새로운 꿈을 그리며 서울로 올라갔다. 서울에는 할머니의 언니 되는 분이 여승으로서 대단히 풍족한 생활을 하고 있었다. 남들은 하루 세 끼 식사도 제대로 하기 어려운 처지인데도, 그 할머니와 주위 사람들은 마치 딴 세상 사람들처럼 잘 먹고 살고 있었다. 이런 모습을 지켜보면서, 정의감과 반항심이 남달리 강한 김원봉은 크게 반감을 느끼며 지체 없이 고향으로 내려왔다.

서울에서 잠시 머물다 다시 고향으로 내려온 김원봉은 1년여 동안 집에서 가까운 표충사에서 여러 가지 책, 특히 각종 병서를 읽으면서 조국광복에 필요한 무장투쟁의 이론을 탐구하였다. 표충사는 임진왜란 때 큰 공을 세운 사명대사(四溟大師)의 충혼을 기리기 위해 국가에서 명명한 사찰이다. 『삼국사기』를 쓴 일연(一然) 국사가 1,000여 명의 승려를 모아 불법을 일으키기도 한 유서 깊은 곳이었다. 김원봉이 머물 무렵에는 일제의 조선총독부에서 공포한 '사찰령'에 따라 표충사는 31본산 중 통도사의 말사(末寺)로 편입되어 있었다.

뒷날 3·1혁명이 일어났을 때 본사의 승려 이찰수·오학성·손영식·김성흡·이장옥 등이 3·1독립선언서를 낭독하고 독립만세를 외치다

졸업 후 취업, 김원봉 만나

투옥되었다. 김원봉은 의분에 넘친 소년시절을 표충사에서 무장투쟁을 위한 병서를 읽고 역사의 혼을 체득하였다.

일제의 만행 지켜보면서

헌병경찰로 삼천리 감시

박재혁은 사회에 나왔으나 나라의 사정은 말할 수 없을 정도로 어려운 상태에 놓여 있었다. 대한제국을 강탈한 일제는 폭압과 수탈을 일삼았다. 먹잇감을 독차지한 맹수처럼 사납게 물어뜯고 닥치는 대로 집어삼켰다.

사회초년생으로서 일제의 만행을 지켜본 박재혁은 회사 일을 하면서도 울분에 차서 일이 손에 잡히지 않는 날이 많았다. 정의감이 남달리 강한 그는 이대로 있어서는 안 되겠다는 마음의 다짐을 하였다. 학생 시절의 항일운동이 의분에 찬 정의감이었다면, 지금 조선 천지에서 벌어지고 있는 일제의 만행에는 민족현실을 직시한 역사의식이었다.

박재혁이 의열단원이 되고 의열투쟁으로 생명을 바친 데는, 이때 조선사회에서 일어나고 있는 민족현실이 크게 작용하였다. 몇 가지 사례를 들어본다.

조선을 무력으로 병탄한 일제는 무력에 의한 강압통치를 '시정방침'으로 삼았다. 초대 조선총독으로 부임한 데라우치 마사다께는 제1성으로 "조선인은 일본 법규에 복종하거나 아니면 죽음뿐이다"라고 협박하면서 혹독한 고문과 수탈의 무단통치를 자행하였다. 일제가 조선을 병탄시킨 후에 가장 먼저 설치한 기구가 총독부 산하의 헌병경찰이었다.

1910년 9월 10일 칙령으로 조선주차헌병조래를 발표하여 헌병이 군사경찰과 치안유지에 관한 행정을 담당하도록 한 것이다. 데라우치는 조선을 지배할 조선총독부는 헌병경찰이 뒷받침하도록 하는 제도를 마련하였다. 의병 학살의 과정에서 창설된 "소지역 완전 군사점령체제"이던 헌병경찰제도를 전국적인 규모로 확대하여 전대미문의 무단통치체제를 구축하였다.

데라우치는 서울을 비롯, 광주·대구·평양의 3개 지역에 77개의 헌병분대와 전국에 562개의 파견소를 두고, 일본인 헌병 1명에 조선인 보조원 3명씩을 붙여서 이들을 정보와 염탐, 착취와 고문의 하수인으로 활용하였다. 헌병대와 함께 서울의 경찰국, 각 도의 경찰부를 중심으로 전국에 경찰서 254개소, 주재소 222개 처, 파출소 242개소를 두고 2만 1,000여 명의 순사를 배치해 전국을 물샐 틈 없는 감시 체제로 만들었다.

헌병경찰은 군사를 비롯하여 행정, 사법 기타 잡무에 이르기까지 간섭하지 않은 곳이 없어서 가히 헌병만능의 시대가 되었다. 조선통치의 일선 하수인인 헌병경찰에게는 태형령이란 법제를 마련하여 고문과 구타를 합법적으로 보장하였다. 그들은 태형령을 근거로 하여 공공연히 고문을 자행하였다.

갓 사회에 나온 박재혁은 이 같은 현실에 직면하였다. 일제가 병탄 후 처음으로 그들의 '공권력'을 동원하여 우리 독립지사들을 가혹하게 탄압한 것이 이른바 '데라우치 총독 암살미수사건'이라는 날조된 사건이다.

'105인 사건' 날조하여 애국자 탄압

흔히 '안명근사건', '안악사건' 또는 '데라우치 총독 암살미수사건' 등으로 불리는 이 사건은 일제가 본격적으로 우리 애국자들을 검거하여 갖은 악형과 고문으로 사상전향을 위해 꾸며낸 첫 번째 사건이다. 사건의 경위를 살펴보자.

1910년 12월 안중근 의사의 사촌 동생 안명근이 서간도에 무관학교를 설립하기 위하여 자금을 모집하다가 황해도 신천지방에서 관련 인사 160명과 함께 검거되었다. 안명근은 서울 경무총감부로 압송되어 심한 고문과 문초를 받았으며, 이 계획에 참여한 배경진·박민준·한순직 등도 검거되었다.

조선총독부는 이들의 무관학교 설립 계획을 빌미 삼아 황해도 지방의 배일민족운동을 말살시키기 위한 절호의 기회로 삼았다.

일제는 무관학교 설립자금 모금운동을 데라우치 총독 암살을 위한 군자금 모금사건으로 날조하여 관련 인사는 물론 이 사건과는 무관한 민족진영 지도자들을 일제히 검거하였다.

이때 검거된 주요 인사는 김홍량·김구·최명식·이승길·도인권 등 주로 안악지방의 양산학교(楊山學校)와 면학회를 중심으로 문화운동에 종사하던 사람들이었다. 일제경찰은 이 사건을 무관학교 설립 계획과 결부시켜서 더욱 확대, 날조하면서 잔인한 고문으로 허위자백을 강요하였다.

일제는 이들에게 강도 및 강도미수죄, 내란미수죄, 모살미수죄 등의 혐의를 씌워 안명근 종신징역, 김구·김홍량·배경진·이승길 징역 15년, 도인권 징역 10년을 각각 선고하였다. 이들은 감형과 특사로 출감하였으나 혹독한 고무 후유증에 시달렸다.

일제 경찰은 안악사건의 취조 과정에서 드러난 비밀결사인 신민회의 간부들을 역시 데라우치 총독 이하 일본 요인의 암살음모사건으로 날조하여 검거하였다. 신민회는 1907년 초에 안창호·신채호 등이 독립사상의 고취, 국민역량의 배양, 청소년 교육, 상공업의 진흥을 통한 자체의 실력양성 등을 기본 목표로 설립하였다.

1910년을 전후하여 평안·황해도 등 서북지역에서는 신민회와 기독교도들을 중심으로 반일 애국 계몽운동이 확산되고 있었다. 이들은 서북지방의 기독교 신자 및 교사, 학생들로 구성되었고 회장은 윤치호·부회장은 안창호가 맡았다.

신민회는 평양에 대성학교와 정주에 오산학교를 세우고, 평양에 도자기회사, 평양과 대구에는 출판 활동을 위한 태극서관을 세워서 운영했으며 〈대한매일신보〉를 기관지로 발간했다. 신민회는 또한 간도와 연해주 등지에 해외 독립운동 기지를 설립하고자 했다. 일제는 이와 같은 신민회의 항일적인 성격을 알아내고 이 기회에 식민통치의 장애 세력을 뿌리 뽑겠다는 목표 아래 105인 사건을 조작하였다.

'혐의'는 1910년 12월에 압록강 철교준공 축하식에 데라우치가 참석하는 것을 계기로 암살을 모의했다는 터무니없는 조작이었다. 이와 같은 각본을 꾸민 일제 경찰은 1911년 9월 윤치호·이승훈·양기탁·유동열·안태국 등 전국에서 600여 명의 애국지사를 검거, 투옥하였다.

일본 관헌은 이들에게 야만적인 악형으로 허위자백을 강요하였다. 일제는 이들 중 105인을 재판에 회부하여 유죄판결을 내렸고, 전원이 항고하자 대구복심원에서는 105인 중 99명을 무죄로 석방하고 윤치호·양기탁·안태국·이승훈 등 6명에게 징역 5~6년 형을 선고하였다. 이로써 사건의 날조 사실이 입증된 것이다.

일제 경찰의 혹독한 고문으로 김근형 등 2명이 사망하고 많은 사람이 불구가 되었다.

말뚝만 박으면 모두 총독부 땅

일제강점기 특히 병탄 초기에 '총독부 말뚝'이라는 말이 크게 유행하였다. 일제가 예부터 조선을 넘보는 가장 큰 이유는 기름진 땅에 있었다. 일본의 메마른 토지에 비해 한국의 농지는 기름지고 특히 쌀의 질과 양은 일본에 비할 바가 아니었다. 그렇기 때문에 멀리 삼한 시대부터 왜구들이 연안에 출몰하여 쌀을 훔쳐 가기를 능사로 하였으

조선총독부 ⓒ 위키백과

며, 조선 말기 정부의 강력한 방곡령으로 쌀의 대일 반출이 어렵게
되자 직접 침략을 전개하기 시작하였다.

일제는 한국 병탄과 더불어 가장 먼저 토지수탈 작업에 착수하
였다. 조선총독부는 1912년 8월 30일 재령(制令) 제2호로 토지조사
령을 발표하여 전국적인 토지조사사업을 벌였다. 토지조사령 제4조
는 '토지 소유자는 조선총독이 지정하는 기간 내에 그 토지의 사위경
계에 지목자 번호, 씨명 등을 기입한 표목(標木)을 수립해야 한다'라
고 하였다.

즉 길이 4척 이하의 말뚝에 군, 면, 리, 평(坪), 자호(字號), 지번,
지목, 두락수, 결수(結數), 소유자, 관리자, 소작인의 주소와 성명을
기재한 다음 그 말뚝을 1척 이상 땅속에 박도록 한 것이다.

조선에서는 오래전부터 토지 거래나 소작 관계를 특별히 문서로
하는 경우가 드물었다. 당사자가 구두로 약정하고 마을에서 이를 인

일제의 만행 지켜보면서

정하면 되는 불문율이 있었다. 그런데 총독부의 이런 조처는 농민들에게는 생소한 뜻밖의 일이었고, 관보에나 실린 토지조사령의 내용을 아는 농민은 그리 많지 않았다.

이러한 상황에서 일제 관리들은 욕심나는 땅이거나, 소유주가 서류상으로 불명한 토지와 임야·하천부지는 총독부 소유의 말뚝을 깎아서 박았다. 이렇게 하여 빼앗은 땅이 전국적으로 수천만 평이나 되었다. 농민들은 옛날의 관례만 믿고 있다가 하루아침에 땅을 빼앗긴 경우가 수두룩하였다.

일제는 병탄 전인 1908년 우리나라 산업자본의 조장과 개발을 위한다는 명목으로 이른바 재국의회에서 국책회사로 동양척식주식회사를 설립하였다. 서울에 본점을 두고 1천만 원의 자금으로 설립한 동척은 우선적으로 조선의 토지를 사들이는 일에 착수했다. 그래서 1913년까지 4만 7,148정보의 토지를 매수하고 1914년에는 전라도·경상도·황해도의 비옥한 전답을 강제로 매수하였다. 이리하여 1924년에는 6만 591정보의 토지가 동척 소유로 바뀌고, 정부 소유지 1만 7714정보까지 출자받아 동척은 막대한 토지를 소유하게 되었다.

일제가 병탄과 더불어 1910년부터 1918년까지 대대적인 토지조사사업을 벌인 것은 식민지적 토지제도를 확립하기 위해서였다. 일제가 이토록 토지조사사업에 열을 올린 것은 ① 토지매매를 더 자유롭게 하여 이를 헐값에 사들이고 ② 지세수입을 늘려 식민통치를 위한 조세수입을 중대시키고 ③ 국유지를 창출하여 조선총독부 소유지로 만들기 위한 것이며 ④ 광범위한 미개간지를 무상으로 점유하려고 하였으며 ⑤ 일본 상업 고리대자본의 토지점유를 합법화하려는 것 ⑥ 강점 후 급증하는 일본인 이민자들에게 토지불하를 의도하고 ⑦ 본격적인 미곡의 일본 반출을 위한 토지제도를 정비하고자 한 것이다. ⑧ 일본 공업화에 따르는 노동력 부족 문제를 우리나라 소작농을 임금 노동자화함으로써 충당하도록 하는 제도적, 구조적 기초를 마련하기 위해서였다.

조선총독부는 이와 같은 목적을 위해서 총독부 내에 임시토지조사국을 설치하고 '무장조사단'을 편성하였다. 토지조사국 출장원, 헌병경찰, 면장, 이동장, 지주 총대, 주요 지주 등으로 구성된 무장조사단은 평균 12명으로 편성되어 전국을 분담하여 순회하면서 토지조사를 강행하도록 하였다.

무장조사단은 조선 농민들의 반발에 대처하기 위해 권총과 대검으로 무장하고 망원경과 측량기를 들고 다니면서 조사를 실시하였다. 조선총독부가 토지조사사업의 구실 아래 농민의 경작지를 강압적으로 국유지에 편입하고 친일파나 일본인의 소유로 갈취하자 농민들 사이에 광범위한 토지조사 분쟁이 생겼다. 조사 총 필수 1,910만 7,520필 중에서 3만 3,937건, 9만 9,445필에 달하는 분쟁이 일어났다. 이 과정에서 수많은 농민이 일본 관헌에 붙들려가 심한

고문을 당하고 더러는 목숨을 잃었으며, 조상 대대로 일궈온 전답을 빼앗겼다.

조선총독부는 토지조사사업으로 임야까지 포함해서 1,120만 6,873 정보를 국유지화 했는데, 이것은 당시의 조선 국토 총면적의 50.4%에

해당하는 것이었다. 국유지는 모두 총독부의 재산으로 귀속되었다.

조선총독부의 토지조사사업으로 조선 농민의 대부분이 토지의 소유권은 물론 소작권을 상실한 채 봉건적인 악질 지주와 친일파, 일본인 지주의 소작농이 되거나 유이민화하고 도시의 임금노동자로 전락하였다. 그리고 소작농들은 고율의 소작료와 각종 세금으로 이중 삼중의 수탈을 당해야 했다. 박재혁은 토지가 없어서 빼앗기지는 않았으나 이웃들의 아픔을 지켜보면서 일제타도의 목표를 세웠다.

상하이와 싱가포르·홍콩을 오가며

22세의 청년 상하이로

박재혁은 일제의 야수적인 탄압과 수탈, 한국인의 도의심을 타락시키고자 자행하는 각종 범죄적 정책 그리고 이런 상황에서도 굴하지 않고 항일운동을 계속하는 각급 항일단체들의 활동을 들으면서 거듭 마음의 각오를 다졌다.

중국으로 망명한 김원봉의 소식도 들었다. 기록은 남아 있지 않지만 김원봉이 망명하기 전에 두 사람은 은밀히 만났을지도 모른다. 절친인 최천택이 김원봉의 비용을 댄 것으로 보아 박재혁과도 만났을 것은 추론 이상에 속한다.

경북 왜관의 곡물무역상에서 일하던 박재혁은 아직 연소하여 조선국권회복단이나 대한광복회 등에 이름을 올리지는 못했으나, 어떤 형태로든지 연계는 되었을 것이다. 근거로는 1917년 6월 700원이라는 거액을 조달하여 중국 상하이로 건너갔다는 기록이다. 송상도의 『기려수필』에 나온다.

정사(丁巳) 6월(곡물무역상) 주인에게 청하여 700여 원 자금을 차입하여 상하이로 들어갔고, 다음 해 6월 집으로 돌아와 여러 달을 지내다 또 상하이 및 싱가포르(新嘉坡)로 가 무역에 종사하였다.

당시 700여 원은 거금이다. 아무리 친척이지만 지방의 곡물무역상이 일시에 그만한 돈을 해외 무역자금으로 내놓기는 어려웠을 것이다. 그렇다면 이 많은 돈의 출처와 박재혁이 상하이로 가게 된 배경은 무엇일까.

앞장에서 살펴본 대로 당시 풍기광복단의 박상진이 영주에 대동상점이라는 곡물상을 차리면서 각처의 독립운동 기관과 연락을 취하고, 조선국권회복단은 각종 상업조직과 연대하면서 활동하였다. 박상진의 상덕태상회, 서상일의 태궁상회, 윤상태의 칠곡군 왜관 향산상회, 안희제(安熙濟)의 부산 백산상회, 통영의 곡물상 서상호, 마산 이형제의 원동상회와 김기성의 환호상회 등을 들 수 있다.

서상일이 주도한 태궁상회와 윤상태의 향산상회가 국권회복단의 거점이 되고, 박상진의 상덕태상회와 영주의 대동상점은 대한광복회의 거점 역할을 하였으며, 안희제(安熙濟)의 백산상회는 부산대동청년단의 비밀 아지트가 되었다는 점을 감안하면, 박재혁이 속한 왜관의 곡물상도 어떤 형태로든지 이들 조직과 연계되었을 것이다. 그리고 700원이라는 거액은 이들 조직을 통해 해외 독립운동 단체와 연계 또는 지원하기 위한 기금으로 염출되었을 가능성이 많다.

1917년 22세가 된 박재혁은 조국독립의 꿈을 안고 곡물회사 직원의 신분으로 부산에서 배를 타고 상하이로 갔다.

이 당시 박재혁, 김인태, 오택은 함께 상하이로 가려 했는데, 박재혁과 김인태가 먼저 출발했다. 이때 김인태는 이미 알고 있던 김원봉과 조우해서 독립운동을 모색했다. 박재혁은 무역업에 종사하면서 당초의 계획인 도미(渡美) 준비를 하고 있었던 것으로 보인다.

오택은 뒤따라 출국하기로 했는데 자금사정이 여의치 않아 못가고 있었다. 대신 박재혁의 노모를 자주 방문하여 돌보았다. 상하이로 함께 가지 못한 오택은 일본으로 가서 교토를 비롯해서 도쿄까지 두루 여행하면서 견문을 넓히고 그곳에서 전학하려 했다. 그러나 부모의 반대로 귀국했다. 귀국한 오택은 하와이 북미 등지에서 이민 출가한 인물과 공동출자해서 조선명물회사를 만들었다. 인삼, 고추, 마늘, 명태, 해초 등을 수출하고 그 대금으로 잡화를 수입하는 것이었다.

그런데 박재혁에게서 한 통의 편지를 받았다. 주요내용은 도미(渡美)준비가 다되어 만찬을 했는데, 그 자리에서 여권과 선표, 현금 등을 도난당하고, 낙심하여 그다음 날 황포강에 투신자살을 시도했는데 석탄운반선 인부에게 구조됐으며, 부득이 남양 등지로 갔다가 필리핀에서 도미할 수밖에 없으니, 인삼을 사서 보내 달라는 것이었다. 게다가 혈서까지 동봉되어 있었다.

이에 오택은 박재혁의 노모를 안심시키고 인삼 10여 근을 보냈다. 이후 박재혁은 홍콩을 경유해서 싱가포르로 가서 미스이(三井)물산 지점에 취직기회만 보고 있었다 한다.[21]

상하이로 건너간 박재혁은 한때 투신자살까지 시도했던 자신의 나약함을 반성하고, 중국사회에 적응하고자 노력한다. 그러기 위해서는 우선 다양한 중국 서책을 찾아 공부하기로 했다.

박재혁이 중국으로 건너간 1917년 전후의 나라 안팎과 독립운동

진영의 실태를 살펴보자. 1915년 3월 유동열·박은식 등이 상하이의 영국 조계에서 신한혁명당을 조직하면서 우리 독립운동가들이 처음으로 이곳에 둥지를 틀었다. 박은식은 이해 12월 이곳에서 『한국통사』를 저술하였다.

국제적으로는 1914년 7월 제1차 세계대전이 발발하고, 1915년 1월 일본이 중국에 21개조 요구안을 제출하여 중·일 간에 긴장이 고조되었다. 1916년 4월 조선총독부가 처음으로 대구에 신사(神社)를 설립한 것을 필두로 전국 각지에 신사를 세웠다.

1916년 9월 대종교 교주 나철(羅喆)이 일제가 대종교를 불법화하자 이에 저항하여 구월산에서 수행을 하다가 일제의 학정을 비판하는 유서를 남기고 자결하였다.

나철은 29세 때 문과에 장원 급제하여 잠시 관직에 있었으나 일본의 조선 침략이 심해지자 관직을 사임했다. 1904년 호남 출신의 지사들을 모아 유신회(維新會)라는 비밀 단체를 조직하여 구국 운동을 벌였다. 1905년 6월 이기(李沂) 등과 함께 일본에 건너가 "동양 평화를 위하여 일본은 한국을 도우라"는 내용의 의견서를 일본 정치인들에게 보냈으나 응답이 없자 일본의 궁성 앞에서 3일간 단식 농성을 하였다.

나철은 1906년 을사오적을 처단하기로 계획하고 박제순과 이지용의 집에 폭탄이 장치된 선물 상자를 보냈으나 상자가 폭발하지 않아 실패했다. 1907년에는 암살단을 조직하여 을사오적을 모두 살해하려 했으나 경비가 삼엄해서 실패했다. 나철은 이때 붙잡힌 동지들이 고문당하는 고통을 덜어 주기 위해 자수하여 10년의 유배형을 받고 낙도로 유배되었으나 고종의 특사로 그 해 풀려났다.

나철은 1909년 대종교를 창도했다. 이후 그가 창도한 단군 신앙이 일반 민중들 사이에 널리 퍼지자 1915년 일제는 대종교를 불법화했다. 나철은 1916년 가을에 구월산에서 자결했다. 나철의 자결 순국 소식은 조선 민중에게 큰 충격을 안겨주었다. 박재혁도 항일의지를 다지는 계기가 되었다.

안희제(安熙濟)의 백산상회 소식 듣고

박재혁이 중국으로 떠나기 전에 국내에서 한 가지 크게 정신적으로 영향을 받은 사건이 있었다. 부산에서 안희제가 1915년경 국내외 독립운동가들의 연락을 위해 백산상회(白山商會)를 설립하고 활동한 일이다.

백산이란 상호는 안희제의 호에서 땄다. 일제가 한국을 병탄하자 안희제는 1911년 러시아로 망명하였다. 안창호·이갑·신채호 등 독립운동지도자들과 국권회복을 위한 방략을 논의하고, 중국 관내의 우리 독립운동단체를 방문한 데 이어 1914년 청진을 거쳐 해로로 부산항에 도착하였다.

안희제가 러시아로 망명한 1911년부터 중국을 거쳐 귀국한 4년여

동안 중국의 신해혁명을 계기로 그쪽으로 망명한 우리 독립운동가들은 1914년 제1차 세계대전으로 국제정세가 급변하자, 이를 조국광복의 기회로 삼고자 하였다. 이러한 상황이 국내에 전해지고 국외 독립운동 지도자들은 국내와 연락을 빈번히 꾀하였다.

국외에서 항일투쟁을 전개하면서 독립운동 기지건설을 위해 국내 비밀연락망의 구축과 독립운동자금 조달이 절실하였기 때문이다. 안희제는 국내 비밀연락망의 구축과 독립운동자금 조달을 위해 고향인 경상남도 의령의 소유농지 2,000두락을 팔아 상회설립기금을 마련하고, 이유석·추한식 등과 함께 백산상회를 설립하였다.

설립 초기에는 곡물·면포·해산물 등을 판매하는 소규모 개인상회였으나 1918년 안희제·최준·윤현태·최완·김용조·정순모·성태영·이정화·유덥섭·허걸 등 11명이 자본금 14만 원, 불입금 3만 5,000원 규모의 합자회사로 발전시켰다. 합자회사 백산상회의 중역은 본사대표 무한책임사원 윤현태·안희제·최준 등 3인이고, 초기에는 해산물·육산물을 구매·위탁판매하였다.

상회의 위치는 부산부(釜山府) 본정(本町) 3정목으로 현재 부산시 중구 동광동 3가 10-2번지이다. 이후 1919년 1월 14일 합자회사 백산상회를 확대·개편하여 백산무역주식회사를 설립하였다.

발기인은 안희제·최준·윤현태 3인이고, 자본금은 100만 원이다. 당시 백산무역주식회사 주주는 최준·안희제·윤현태가 각 2,000주, 이종화 1,500주, 윤상태·안익상·최선호·조동옥이 각 1,000주, 허걸·김홍석·이우석이 각 700주, 이우식이 600주, 윤병호·김용조·정재완·김상원·권오봉·김재필·김기태·이현보·문영빈·주기원이 각 500주, 남형우 300주, 강정희·정재원·허만정 각 100주, 윤상은·김시구·지영진 각 50주, 최태욱 30주, 홍종회·전석준 각 10주 등이었다.

항일적인 성향을 지닌 영남지역 자산가들의 적극적인 참여로 백산무역주식회사는 활발히 영업을 하였다. 그러나 1919년 조선국권회복단의 활동이 일제에 발각되면서 백산무역주식회사 중역과 대다수의 주주들이 일경의 조사를 받게 되는데, 안희제 등 백산상회 관계자들은 조선국권회복단 단원이었다. 조선국권회복단사건 이후 백산상회는 일본 경찰에 지목을 받게 되면서 경영이 어려움에 처하였다.

백산상회는 1921년 경제계의 불황과 일제의 간섭·탄압으로 자금난과 경영위기를 겪다가 1928년 해산되고 말았다. 백산상회는 안희제가 중심이 되어 대한민국임시정부의 연통제 조직을 통하여 국내외 독립운동가의 연락을 도모하고, 독립운동자금을 조달했으며, 국내 동포들의 민족의식 고취를 위한 〈독립신문〉 보급 등의 항일운동을 전개하였다.[22]

국제정세와 독립운동 변혁 시기에

우리 독립운동사에서 1917년은 각별한 의미를 갖는 해이다. 이 해 7월 신규식·윤세복·박은식·신채호·박용만·조소앙 등 대표적 독립운동가 14인이 상하이에서 독립운동의 활로와 방략의 정립을 모색하기 위해 임시정부의 수립에 관한 민족대회의 소집을 제의, 제창하는 「대동단결선언」을 공표하였다. 조소앙이 집필한 이 '선언'은 1919년 3·1혁명으로 상하이에 대한민국임시정부가 수립되기 2년 전에 임시정부의 수립을 제창하는 역사적인 문건이다.

1914년 제1차 세계대전의 발발로 노령과 만주지방의 독립운동이 러시아 정부의 강압으로 봉쇄되었다. 이에 따라 권업회, 대한광복군정부, 간민회 등이 해체되고, 심지어 노령의 독립운동 지도자들이 감금되거나 축출되기에 이르렀다. 그리하여 노령에 있던 이상설은 중국으로 건너와 신규식·박은식 등과 1915년에 신한혁명당을 결성하는 등 독립운동의 새로운 길을 모색하였다.

국제적으로는 러시아에서 2월혁명이 일어나고, 핀란드와 폴란드가 독립을 선언하며 망명정부를 수립하여 같은 처지의 약소민족을 고무하였다. 제1차 세계대전은 미국의 참전으로 일본을 포함한 연합군이 우세해지고, 중국도 연합국에 기울어져 갔다. 독립운동의 방략도 전환되어야 할 처지가 되었다. 이런 상황에서 신해혁명에 참가했던 신규식을 중심으로 「대동단결선언」이 나오게 되고, 조소앙이 역사적 문건을 집필한 것은 앞에서 말한 대로이다.

'선언'은 주권불멸론과 융희황제의 주권포기론을 근거로 국민주권설을 정립함으로써 독립운동의 이념을 확립했을 뿐 아니라 정부의 통할체제를 계획하는 등 1917년까지 다양하던 독립운동의 이론을 결집하였다는 점에서 중요한 의미를 가지고 있다. 또 이 같은 '선언'의 계획은 당장에는 실현되지 못하였으나 그 문건이 동포사회에 널리 송달되었으며, 미주의 〈신한민보〉 등 각처의 교포 신문을 통해 전파되면서 1919년 임시정부 수립의 한 계기가 되었다.

'선언'의 강령은 모두 7개 항으로 되어 있는데, 앞의 3개 항은 임시정부 수립에 관한 것이고, 뒤의 4개 항은 운영에 관한 내용이다.

제1항은 "해외 각지에 현존한 단체의 대소·은현을 막론하고 규합 통일하여 유일무이의 통일기관을 조직한다"고 하여, 민족대회의 또는 임시의정원과 같은 것을 만들자는 것이었다.

제2항은 "중앙총본부를 상당한 지점에 치(置)하여 일체 한족을 통합하여 각지 지부로 관할 구역을 명정한다"고 하여 최고 행정부를 두고 그 산하에 지역별로 지부를 두자는 것이다.

제3항은 "대헌(大憲)을 제정하여 민정에 합한 법치를 실행한다"고 하여 헌법의 제정과 법치주의를 천명하였다.

제4항은 "독립 평등의 성권(聖權)을 주장하여 동화의 마력과 자치의 열근(劣根)을 박멸하자"고 하여 국내문제에 대한 방책을 선언하고 있다.

제5항은 "국정을 세계에 공개하여 국민외교를 실행하자"고 하여 국제외교를 모색하였다.

제6항은 "영구히 통일적 유기체의 존립을 공고키 위하여 동지간의 애정과 수양을 할 것" 주장하였다.

제7항은 위의 실행방법으로 "기성한 각 단체와 덕망이 유한 개인의 회의로 결정할 것" 이라고 하여, 제1항에서 결정한 회의에서 합의하여 실천한다는 것이다. 이어서 선언의 제일 끝에 찬동 여부의 회답통지서가 부착되어 있고, 단체와 개인에게 함께 발송되었다.[23]

이처럼 상하이를 중심으로 우리 독립운동이 본격적으로 전개되고, 1차 대전 종료와 러시아혁명으로 국제질서가 요동치는 시기에 박재혁은 상하이에 도착하였다. 상하이는 어떤 곳인가.

독립운동의 터전 상하이

"동아시아 민족주의운동의 중심지"라 불리는 상하이는 1842년 '남경조약' 이후 통상항구로 개발되어 서구와 일본의 조계(租界)가 설치되었다. 프랑스 조계, 영국 조계, 일본 조계와 기타 몇 개의 조계가 더 있었는데, 프랑스 조계만 그냥 남고 나머지는 합해서 공공조계라 했다. 프랑스 조계는 길쭉한 형태였고 공공조계는 넓었으며, 그 외곽으로 중국인 행정구역이 있었다.[24]

상하이는 1920~1930년에 이미 인구 약 300만 명의 거대한 국제도시로 발전하여 해상교통과 동양무역의 중심지로 자리 잡았다. 시가지는 양자강 하구의 남만, 황포강이 양자강에 합류되는 지점에 있다. 한국 독립운동과 밀접한 관계가 있는 프랑스 조계는 1866년에 개시되었고, 우리뿐만 아니라 베트남, 인도, 말레이시아, 태국 등의 애국지사들이 이곳에 모여 독립운동을 벌였다. 프랑스 조계는 프랑스의 건국이념대로 자유·평화가 어느 정도 보장되었다.

1917년 6월 말 현재 일본 외무성 조사, 조선총독부 척식국 작성 자료에 따르면 1917년 중국 본토에 거주했던 한인 동포의 수는 다음과 같다.

상하이(300명), 천진(154명), 지부(13명), 남경(8명), 산두(19명), 하문(5명), 청도(61명), 기타(4명), 계 564명이었다. 1919년 임시정부 수립 무렵 상하이에 거주했던 동포의 수는 자료에 따라 차이가 있는데 「여운형신문조서」와 조선총독부 경북 경찰부의 「고등경찰요서」에는 각각 700여 명으로 기록되어 있다.

(상하이에는) 1910년대 초에 벌써 소규모의 동포사회가 구성되었다. 그렇지만 동포의 수가 크게 늘어난 것은 1910년대 후반인데, 1917년 중반에 이르러서는 500여 명이었으며, 3·1혁명과 임시정부 수립을 전후한 시기에는 1천 명 정도로 증가하였다.[25]

1910년대 한국독립운동가들이 상하이로 망명했던 시기는 크게 세 가지로 구분된다. 첫째는, 1910년대 초 일제에 의해 병탄 된 직후로서 중국의 신해혁명 시기에 해당된다. 이 시기에 상하이로 망명했던 대표적인 인물은 신규식·이관구·김규식·문일평·정인보·신채호·박은식·홍명희·박찬익·민필호 등이었다.

둘째는, 1910년대 중반기로서 105인 사건으로 옥고를 치른 인물과 유학과 독립운동을 목적으로 했던 자들이 주류를 이룬 시기였다. 그 대표적인 인물은 김홍서·선우혁·한진교·여운형·이범석·노백린·장덕수 등이었다.

셋째는, 3·1혁명 무렵으로 특히 3월 말부터 각지에서 대거 망명해 왔다.[26]

1910년 8월 29일 국치와 더불어 '식민통치 아래 생존권까지 박탈당한' 한인들은 대거 해외로 망명하였다. 당시 한인들이 이주한 곳은 중국, 러시아의 연해주, 중남미·하와이 등이었는데, 중국 쪽으로 이주한 한인이 제일 많았다.[27]

상하이로 이주한 한인들의 이주 경로는 크게 두 경로로 이루어졌다.

하나는 해로로서, 주로 인천·부산 등 항구에서 배를 타고 상하이로 직항하는 길이다. 또 하나는 육로로, 신의주를 거쳐 안봉선(安奉線)으로 봉천과 영구를 경유하여 천진에 이르고, 이곳에서 다시 세 갈래로 나누어졌다. 첫째는 천진에서 선편으로 상하이로 가는 길이었고, 둘째는 천진에서 진포선 열차로 진포선의 종착역인 포구에 이르러, 다시 양자강을 건너 남경에서 수로로 상하이에 도착한 길이었다. 셋째는 역시 진포선 열차를 이용하여 중간지점인 제남에서 내려 다시

상하이와 싱가포르·홍콩을 오가며

청도를 거쳐 교주만에서 해상으로 청도에 가는 것이었다.[28]

일제의 한국 병탄부터 3·1혁명 직전까지 상하이로 이주한 주요 인물은 다음과 같다.[29]

| 한일병탄부터 3·1혁명 직전까지 상하이로 이주한 주요인물 |

이 름	출생연월	본적	상하이도착연도	비고
신규식	1878.1	충북	1911	한국혼
민필호	1897.7	서울	1911	한국혼, 명부, 공훈록
정원택	1890.9	충북	1912	지산(志山) 외유기
임의택	1891.7	평남	1913	공훈록
이 광	1879.9	서울	1912	공훈록
정인보	1892.5	서울	1913	공훈록
조성환	1875.6	서울	1913	공훈록
박노영	1898.8	경북	1916	요시찰인명부(1925)
박은식	1859.9	황해	1913	공훈록, 박은식 전서
신채호	1880.11	충남	1913	공훈록
민제호	1890.3	서울	1913	공훈록
김규식	1881.1	경기	1913	명부, 공훈록
선우혁	1882.8	평북	1917	명부, 공훈록
박찬익	1884.1	경기	1913	명부, 공훈록
한진교	1887.1	평남	1914	명부, 공훈록
한흥교	1885.11	경남	1914	명부, 공훈록
선우훈	1892.11	평북	1915	명부, 공훈록, 민족의 수난
조소앙	1887.4	경기	1915	소앙선생문집, 명부
양우조	1897.	평남	1916	사상2, 공훈록
김홍서	1886.2	평남	1916	명부, 공훈록
민충식	1890.2	서울	1916	공훈록
여운형	1886.4	경기	1916	요시찰인명부(1925)

김 철	1886. 10	전남	1917	공훈록
서병호	1885. 7	황해	1918	명부, 공훈록
손정도	1882. 7	평남	1919	공훈록
백남규	1884. 4	대구	1919	공훈록
김홍일	1898. 9	평북	1918	명부, 공훈록
장덕수	-	황해	1918	SP, 125-127

박재혁이 상하이와 싱가포르·홍콩을 오가며 무슨 일을 하였는지, 구체적으로 나타난 기록은 찾기 어렵다. 명목은 회사 일로 파견되었으니 곡물 관련의 사업을 하면서 독립운동가들과도 은밀히 접촉하였을 것이다.

당시 싱가포르와 홍콩에는 한국인 인삼장사들이 왕래할 뿐 교민이 거의 살지 않았다. 일찍부터 중국인들에게 고려인삼은 명약으로 알려져 있었고, 그래서 국내에서 가져온 인삼은 상하이나 싱가포르·홍콩에서 고가에 거래되었다.

예외적인 일이 있었다. 1913년 10월 상하이에서 독립운동을 하던 박은식이 중국인들의 초청을 받고 홍콩으로 건너갔다. 한·중인의 합작으로 〈향강잡지(香江雜誌)〉를 창간하기 위해서였다. '향강'은 홍콩의 한자 표기이다. 이 〈향강잡지〉는 중국혁명당 관계자들과 한국 독립운동가들이 함께 낸 잡지였다.

박은식이 1914년 1월 7일 안창호에게 보낸 편지에서 "홍콩에 도착한 뒤 교류한 사람은 대부분 민당(民黨)에 속한 사람이라"고 했다.

여기서 말하는 민당은 중국혁명당을 가르킨다. 홍콩은 당시 중국 동 명회혁명당의 활동중심지로서 혁명당인들이 공동하여 발동한 혁명 의 준비가 모두 이곳에서 계획되었기 때문이다.

그래서 〈향강잡지〉는 중국혁명당인과 한국지사가 합작하고 경 영한 선전 잡지라고 볼 수 있다. 바로 이러한 원인으로 조소앙·신채 호·정인보 등 한인지사들이 이 잡지에 투고했고, 이 잡지에는 한국문 제에 관한 문장을 많이 등재했다.[30]

〈향강잡지〉는 제4호에서 중국의 군벌 원세개의 독재통치를 비난 하는 글을 실었다가 당국에 의해 정간되었다. 박은식은 〈향강잡지〉 에 14편의 논설을 실었다. 「중국의 명실(名實)」, 「민기(民氣)」, 「민덕(民 德)」, 「제2차 혁명 후 유감」, 「민국헌법초안취송평의」, 「애(哀) 광동(廣 東)」, 「오호 양국지말운(兩國之末運)」등이다. 박은식의 글이 논설 난의 반 이상을 차지한 만큼 그는 많은 논설을 썼다.

박은식은 이 외에도 예림난에 여러 편의 시문(詩文)을 쓰고, 조소 앙의 논설과 신채호가 단생(丹生)이란 필명으로 쓴 수편의 글도 실 렸다.

논설의 주제는 중국혁명과 한중공동항일을 고무하여 일제를 비롯 한 제국주의 열강의 침략을 규탄하는데 집중된 느낌을 준다, '세계요 문' 난에서는 세계정세의 동향을 각종 외지를 인용하여 비교적 상세 히 보도하고 있다. 특히 주목되는 것은 이와 같은 다양한 편집을 하면서도 지면 행간에 적절하게 한국의 역사와 문화를 실증사례를 제시하면서 광복운동의 정당성을 주장하고 있다.[31]

여기서 박은식과 〈향강잡지〉에 관해 소개한 것은 박재혁이 상하이와 싱가포르·홍콩을 다니며 사업을 했을 자료가 빈약해서, 그 '분위기'라도 헤아리기 위해서임을 밝힌다.

상하이와 싱가포르 · 홍콩을 오가며

영남지역의 항일운동 단체

풍기광복단의 활동

박재혁은 국치 이후 각지에서 일어난 항일운동의 소식을 들었다. 정보가 차단되고 국내의 유일한 신문 〈매일신보〉는 언론의 기능보다 총독부의 홍보선전지 역할에 충실할 뿐이었다. 따라서 한국인의 민족운동에는 왜곡과 날조를 일삼았고, 총독부 발표문에 의존하였다.

하지만 곳곳에서 전개된 항일운동은 민족주의 인사들의 비밀채널을 통해 전달되거나 입소문으로 비교적 생생하게 알려졌다. 박재혁은 학창시절 구세단 활동을 했던 관계로 그 인맥을 통해 각지의 항일운동 관련 소식을 듣고 더욱 독립정신을 키웠다. 특히 대구의 박상진이 영주에 세운 곡물상 대동상점과는 은밀한 거래가 있었을 것이다. 이를 통해 각종 정보를 듣게 되었다.

국치 이후 영남지역에서 최초로 일어난 항일운동은 1913년 채기중이 주도한 풍기광복단 이다. 경북 상주에서 태어나 풍기에서 살게된 채기중은 이곳에 모여 사는, 각지에서 온 인물들을 모아 광복단을 조직하고 해외 독립운동기지 건설을 위해 군자금 모집과 국내외 독립운동 단체들과 은밀히 연계하였다.

풍기지역은 한말의 『정감록』에 나오는 수선지(首善地)로 알려져 8도의 이주민이 모여들었다. 광복단을 결성한 인사들도 이곳 출신이 아니라 팔도에서 모여든 인사들이었다. 풍기지역은 팔도이주민의 출입이 잦은 곳이기 때문에 의병이나 지사들이 은거하여 활동하기에 좋았다.

광복단의 주요 인사는 채기중(상주)·유창순(천안)·유장렬·한훈(청양)·강순필(상주 또는 봉화)·김병렬·정만교·김상옥·정운홍(괴산)·정진화(예천) 등으로 경상도 북부와 충청도의 인사들이다.

그 외 일제침략과 더불어 출신지의 생활근거를 잃고 모여든 인사들이 다수 참여하였다. 강순필은 이강년 의진의 의병이었고, 유창순·한훈도 민종식 의진의 의병이었다고 하는 것으로 보아 의병적 기질의 인사가 다수 참여하여 결성된 것이다. 풍기광복단의 방략은 독립군의 양성을 위한 무기구입과 군자금의 모집에 있었다.

그러므로 채기중은 강병수와 함께 군자금탈취를 계획하여 한때, 영월의 일본인이 경영하는 중석광(重石鑛)에 광부로 잠입하여 활동하였으며, 부호가를 대상으로 자금수합의 활동을 펴기도 하였다. 그리고 후일 대구의 박상진이 설립한 상덕태상회와 영주의 대동상점(곡물상)을 이용하여 각처와 연락하였고, 만주의 독립군기지와 연락이 잦은 안동의 이종영의 자택을 거점으로 이용하였다. 풍기광복단은 또한 대동상점과 이종영의 집을 거점으로 재만독립군과 연락하며 일본인 광신이나 부호가를 대상으로 군자금 수합 활동을 벌였다.

광복단이 결성된 1913년은 안동지방에서 서간도에 들어간 많은 인사와 그의 가족이 수없이 출입하던 시기였고, 또 새로 개척한 해삼위의 신한촌에 닥친 1911년과 1912년 흉년으로 자금조달이 어려운 시기였다. 풍기광복단은 그 후 1915년 7월 15일 대구에서 박상진을 중심으로 창립한 조선국권회복단의 일부 인사와 합류하여 대한광복회

로 발전하였다.[32]

조선국권회복단의 활동

박재혁이 학교를 졸업할 무렵 영남지역에서는 잇따라 항일지하조
직이 결성되어 국권회복투쟁을 전개하였다. 가장 규모가 크고 치열
하게 활동한 조직이 조선국권회복단이다. 이 시기에 박재혁은 독립
운동과 관련 사상적으로 크게 영향을 받았다.

조선국권회복단은 1915년 1월 15일(음) 경북 달성군 수성면 대동
면 안일암이라는 암자에서 달성친목회와 그 부속기관의 친목회 회원
들에 의해 조직되었다.

달성친목회의 회원 서상일·이시영·박영모·홍주일 등은 시회(詩會)
를 가장한 모임을 열고, 국권회복에 관한 방안을 협의하였다. 이들은
국내에서 세력을 확장하고 해외의 독립운동세력과 연계하여 최후로
독립을 쟁취한다는 것을 목표로 삼았다. 단군태황조의 위패를 갖추
어 국권회복의 기도를 올리며, 다음과 같은 서약서를 작성하여 단군
태황조를 봉사하고 신명을 바쳐 국권회복운동에 종사할 것을 다짐
하였다.

① 한국의 주권을 회복한다.

② 매년 정월 15일 단군의 위패 앞에 목적 수행을 기도한다.

③ 단원은 마음대로 탈퇴하지 않는다.

④ 비밀을 누설하지 않는다.

⑤ 만약 이를 누설할 경우는 신명(神明)의 주벌을 받는다.

⑥ 결사대로 하여금 살육게 한다.

조직은 통령(統領) 윤상태(달성), 외교부장 서상일(대구), 교통부장 이시영(대구)·박영모(합천), 기밀부장 홍주일(청도), 문서부장 이영국(대구)·서병용(대구), 권유부장 김규(충남 아산), 유세부장 정순영(대구), 결사대장 황병기(호남), 마산지부장 안확(마산) 동 임원 이형재(마산)·김기성(마산) 등이었다.

단원은 전국 각지의 저명한 민족운동가들이 참여하였다. 이들은 주로 대구를 기반으로 하는 부호 또는 중산층·계몽주의자·신학문 이수자·유생 등이었다. 점차 경상도 지방의 의병전쟁 관련자·전통유림 등 뜻있는 인사와 부호들도 참여하였다. 정월 대보름날에 시회(詩會)를 가장한 모임이었다는 점에서 볼 때 유림적 기반에서 출사한 인물들이었고, 근대적 교육을 받았거나 선각자적 의식을 가지고 현실에 참여한 인물들이었다.

서상일·박상진·안희제 등은 경영인으로서 활동하였으며, 남형우·안확 등은 교사로서, 이영국·서병용·신상태 등은 은행원으로서, 김응섭은 변호사로서 근대적 교육을 받았다. 그리고 윤상태는 전군수로

근대적 교육기관을 설립하여 구국 교육에 앞장섰으며, 박상진·정운일·변상태·황병기 등은 의병과 밀접한 관계를 가지고 있었다. 또 장석영·우하교·조긍섭 등은 전통적인 유림이었다.

이들은 상업조직을 광범하게 활용하였다. 대표적인 상업조직은 박상진의 상덕태상회, 서상일의 태궁상회, 윤상태의 칠곡군 왜관 향산상회, 안희제의 부산 백산상회, 통영의 곡물상 서상호, 마산 이형제의 원동상회와 김기성의 환오상회 등이었다.

상업조직은 일제의 무력적 탄압이라는 악조건 아래에서 비밀지하운동으로 독립운동을 전개하기 위한 정보연락과 재정기지의 역할을 수행하였다. 일경의 감시망을 피하고 부호들에게 쉽게 접근하여 활동하는 데는 상업조직이 유리하였기 때문이다. 이러한 상업조직을 통해 국내의 독립운동세력이나 만주 독립운동단체와 대한민국 임시정부 등과 상호 연결되어, 국내·외의 독립운동을 지원하였다. 서상일의 태궁상회와 윤상태의 향산상회가 국권회복단의 거점이라면, 박상진의 상덕태상회와 영주의 대동상점은 대한광복회의 거점이었고, 부산의 백산상회는 대동청년단의 거점이었다.

뿐만 아니라 만주 단둥(安東) 이관구의 삼달양행, 서세충의 성신태상회, 신백우의 성덕태상회, 창춘(長春)의 상원양행, 펑티엔(奉天) 이해천의 해천상회 등의 곡물상과도 연결되어 있었다. 조선국권회복단은 단원 박상진·정운일 등이 풍기의 광복단과 연계하여 1915년 7월 대한광복회를 결성하면서 조직의 활동영역이 더욱 넓어졌다.

뿐만 아니라 경남 일원에서 활동하던 대동청년단과도 제휴하였다.

단원으로서 대한광복회에 참여한 인사는 박상진·이시영·정순영·홍주일·정운일·최준 등이 있으며, 대동청년단에 관련된 인사로는 윤상태·서상일·신상태·남형우·박영모·안희제·박중화 등이었다.

조선국권회복단은 1915년 결성 이후 1919년 조직의 전모가 일경에 노출될 때까지 다양한 활동을 전개하였는바, 최대의 과제는 만주나 노령과 연결하여 국권회복운동의 지원이었다. 설립 초기 국권회복단의 단원들은 대부분 중산층 이상의 재력을 가졌으므로 자신의 재산을 희사할 계획이었다. 그러나 자신의 재산만으로는 군대양성이나 무기구입에 부응할 수 없어, 대구를 비롯한 국내 자산가들로부터 일정액을 갹출하기로 하였다. 이와 같은 목표하에 정운일·최병규·최준명 등은 대구의 부호를 대상으로 군자금 모금에 나섰다. 1차로 1915년 4월경 최준명은 서창규를 만나 독립운동에 필요한 자금을 요청하였으나 실패하였다.

다시 6월경 최병규·정운일·김재열 등은 권총을 소지하고 서창규를 만나 군자금을 요구하였으나, 끝내 거절당했다. 7월 15일 대한광복회가 결성되면서 국권회복단과 밀접한 관련하에 활동하게 되는데, 그 대표적인 사건이 이른바 대구권총사건이었다. 이 사건은 박상진이 국권회복단과 대한광복회 소속의 이시영·정순영·홍주일·정운일·김재열 등을 비롯하여 대구의 최병규·최준명·김진만·김진우 등에게 명령하여 결행되었다.

이들은 9월 3일 2차 모금을 위해 정재학·이장우·서우순의 금고를 털었다. 이 사건으로 체포된 단원들은 1917년 6월 18일 대구 복심법원에서 김진우 징역 12년, 김진만·정운일·최병규 징역 10년, 권국필·최준명 징역 2년, 박상진·김재열 징역 6월, 홍주일 징역 5월, 이시영 징역 4월을 각각 선고받았다.

1919년 3·1혁명 때 단원들은 대동청년단·대한광복회 등과 함께 활발하게 활동하였다. 동년 2월 23~24일 이시영과 대동청년단의 김광제·변상태가 서울에 파견되어 3·1혁명에 참여하였다. 이시영은 만주, 김관제는 경남 동부, 변상태는 경남 서부로 출발하였다. 변상태는 경남 서부지역을 순회하면서 시위를 계획하였고, 4월 3일 삼진의거(창원군 진동·진서·진전), 즉 진동사건(鎭東事件)을 주도하였다.

이 외에도 1919년 4월 초에는 대한민국임시정부에 군자금 1만 5,000원을 송금하였다. 또 1919년 경상도 지방 유림이 주도한 독립청원서사건에도 관련을 맺어 단원 장석영과 우하교가 연서하였고, 김응섭과 조긍섭은 독립청원서를 영문으로 번역하였으며, 이를 김응섭과 남형우가 상하이로 가져갔다. 1919년 동지의 밀고로 관련 인물 28명 중 13명이 피체되었는데, 이 사건이 이른바 대구 28인 사건이다. 이 사건은 1919년 6월 경성복심법원에서 심리되었다. 연루된 28명은 국권회복단과 대동청년단원이었으며, 조선국권회복단 중앙총부사건으로도 불리었다.[33]

대한광복회의 활동

채기중을 중심으로 하는 풍기광복단과 대구에서 박상진을 중심으로 하는 조선국권회복단의 일부 인사들이 1915년 7월 15일 대한광복회를 조직하였다. 두 조직에 참여하지 않았던 사람도 상당수 가담하였다.

대한광복회는 총사령 박상진, 부사령 이석대(일명 이진룡)를 정하고, 부사령은 만주에 상주하며 독립군 양성을 담당하게 하였다. 1917년 부사령 이석대가 피체되자 김좌진이 부사령이 되었다.

국권회복단과 풍기광복단이 합류하게 된 배경은 두 조직의 인적 교류에서 비롯한다. 풍기의 채기중은 경북 안동의 이상룡 측근자들과 연결되어 있었고, 박상진은 구한말 의병장 허위의 제자로 허위의 중형 허겸과 밀접한 관계에 있었는데, 이상룡과 허겸이 함께 서간도에서 부민단 또는 신흥학교를 설립하고 독립군 양성에 힘쓰고 있었다. 따라서 그곳 출입이 잦은 채기중과 박상진이 자연스럽게 접촉할 수 있게 되어 국권회복단의 박상진 중심의 인사와 풍기광복단이 합류하게 되었다.

그러나 풍기광복단이 의병출신자를 중심으로 한 식민지 치하에서 사회경제적으로 안정성이 없는 인사들의 모임이라면, 국권회복단은 안정된 중산층 이상의 모임이었다. 교육수준에서도 후자는 신교육을 이수한 인사들이었다. 또한 전자가 의병적 기풍의 모임이라면 후자는 온건한 명사(名士) 풍의 모임이었다.

영남지역의 항일운동 단체

〔**조직**〕 대한광복회는 1916년부터 전국적인 조직으로 발전하여 각도에 지부를 설치하고 있었다.

대구의 상덕태상회를 본부로 하고, 영주·안동·영천·삼척·예산·연기·인천·광주·용천에 곡물상을 설치하고 연락처로 삼았으며, 서울과 황해도 해주와 만주 안동(지금의 단둥 丹東)에는 여관을, 그 밖에도 만주 창춘(長春)에 이관구가 설치한 삼달양행과 상원양행을 연락처로 삼았다. 그리고 연해주의 니콜리스크-우수리스크에 연락처를 개척하고 있었다.

〔**강령**〕 대한광복회의 강령을 통해 조직의 목적과 활동내용을 살펴보면 다음과 같다.

① 부호의 의연(義捐) 및 총독부가 불법 장수하는 세금을 압수하여 이로써 무장을 준비한다(무장준비).

② 남북 만주에 사관학교를 설치하여 독립전사를 양성한다(사관학교 설치).

③ 종래의 의병 및 해산군인과 만주 이주민을 소집하여 훈련한다(독립군 양성).

④ 중아제국(中俄諸國)에 의뢰하여 무기를 구입한다(무기구입).

⑤ 본회의 군사행동·집회·왕래 등 일체 연락기관의 본부를 상덕태상회에 두고, 한만(韓滿) 요지와 베이징·상하이 등에 지점 또는 여관·광무소(鑛務所) 등을 두어 연락기관으로 한다.

⑥ 일본인 고관 및 한인 반역자를 수시 수처에서 처단하는 행형부를 둔다(일인과 반역자 처단).

⑦ 무력이 완비되는 대로 일본인 섬멸전을 단행하여 최후 목적의 달성을 기한다(독립전쟁)

강령을 정리하면, 첫째 군자금 수합, 둘째 독립군의 양성, 셋째 국내에 100개소에 각기 1만 원의 기금으로 잡화상을 설치하여 연락기관으로 운영, 넷째 무기의 비축, 다섯째 이와 같은 준비를 통해 혁명을 준비한다는 것이다.

이러한 계획은 중국에서 군관교육을 받았고 혁명대열에도 참가한 경험이 있는 이관구가 1916년에 가입함으로써 더욱 계획이 체계화되었다.

대한광복회는 대구에서 1915년 7월 결성된 이후, 그해 12월 만주 지린(吉林)에서도 우재룡·손일민·주진수·이홍 등에 의하여 광복회지부가 조직되었다. 또한 1916년 서울을 중심으로 크게 확대되었는데, 이때 노백린·김좌진·신현대·윤홍중·신현두·김정호·권태진·임병한·윤형중·김홍두·윤치성·이현·박성태·명기섭 등이 가입하였다.

그 후 경북 칠곡부호 장승원과 대구부호 서우순의 처단에 실패하고, 총사령 박상진이 그 여파로 만주에서 무기를 구입하여 돌아오는 길에 서울에서 '총포 화약류 단속령' 위반으로 피체됨에 따라 광복회가 크게 타격을 받게 되어 노백린은 미주로, 김좌진은 만주로 망명하는 등 많은 인사가 국외로 탈출하였다.

부산대동청년단의 활동

박재혁이 사는 부산에서도 대동청년단이라는 비밀지하단체가 결성되어 항일투쟁을 전개하였다. 1910년에 조직된 이 단체는 1920년대 초까지 활동하였다. 부산 동래에서 결성되어 만주지역으로 활동범위를 넓혀나갔다.

대동청년단은 1910년 10월 안희제·서상일·이원식·남형우 등의 주도하에 17세부터 30세 미만의 청소년 80여 명으로 조직하였다. 단규(團規)는 단원은 반드시 피로써 맹세할 것. 새 단원의 가입은 단원 2명 이상의 추천을 받을 것. 단명이나 단에 관한 사항은 문자로 표시하지 말 것. 경찰 기타 기관에 피체될 경우 그 사건은 본인에만 한하고 다른 단원에게 연루시키지 말 것 등으로 정하였다.

단원은 단장 남형우, 부단장 안희제(2대 단장), 단원 서상일·윤현진·이호연·장건상·윤병호·이수영·이경희·최병찬·윤경방·차병철·백광흠·이극로·김갑·박영모·윤상태·오상근·김사용·서세충·신백우·박중화·윤세복·신성모·신팔균·민강·최윤동·송전도·김관제·최완·배천택·신상태·곽재기·김홍권·이범영·이병랍·박광·서초·김홍량·최인환·김동삼·김삼·고병남·김규환·김희태·임현·남백우·김기수·신채호·이시열·고순흠·이학수·이우식·김용환·이형재 등 54명의 명단이 밝혀져 있다.

영남지역 출신이 주축을 이루고 있으며, 여타 지역 출신들은 대체로 신민회 계열이었다.

즉 신민회·교남교육회·달성친목회·조선국권회복단·백산상회와 연관이 있는 중소 지주·부농·부상 출신이었으며, 신사상과 신지식을 수용하고 계몽운동에 참여한 지식인들이었다. 1910년대 일부 단원들은 해외로 망명하여 항일 독립운동 진영에 합류하였으나, 대부분 국내에서 활동하였다.

3·1혁명 이후에는 대한민국임시정부·만주지역의 독립군단체 및 의열단 등에서 활동하였다. 일부는 사회주의 사상을 수용하여 1919년 7월의 조선노동문제연구회 조직과 1920년의 조선노동공제회 조직에 가담하였다.

독립운동 방략은 국내외운동에 역점을 두고 인재 육성과 군자금의 조달, 국내외 독립운동 세력과의 연락에 주력하였다. 독립운동의 인적자원을 확보하기 위해 각지에 신교육기관을 설립하였으며, 기미육영회를 조직하고 유망한 청소년의 해외유학을 통해 국권회복운동의 동량을 양성하고자 하였다.

군자금의 조달과 국내·외의 연락활동은 동래의 백산상회 지점 또는 연락사무소가 주요 거점이 되었다. 대구 서상일의 태궁상회, 서울 이수영의 미곡상, 봉천연락사무소는 이해천의 해천상회가 담당하였다. 이외 왜관 윤상태의 향산상회, 통영 서상호의 미곡상(정미소), 원산의 원흥상회, 마산의 원동상회 및 환오상회도 연계되어 있었다.

3·1혁명 시에는 만세시위운동의 지방 확산에 노력하였고, 대한민국임시정부 지원을 활동 목표로 삼고, 연통제의 경상도 조직 역할을 수행하기도 하였다. 단원들이 크고 작은 독립운동에 연루되기도 하였

으나 노출되지 않았고, 1945년까지 명맥을 이어갔다.[34] 박재혁은 성향으로 보나 사업상으로 보아 부산대동청년단과 연계되었을 것이다.

국제정세에 안목을 키우다

양계초의 저서에 접하고

　　박재혁은 상하이를 중심으로 홍콩·싱가포르를 오가면서 사업을 하는 한편 우리 독립운동가들과 만나 수익금의 일부를 지원하였다. 그리고 틈나는 대로 일본어와 중국어를 익혔다. 몇 해 뒤 일본어는 회화가 가능했고 중국어는 책을 읽을 수 있을 만큼 되었다.

　　중국 대륙은 요동치고 있었다. 신해혁명(1911년)으로 청조(淸朝)를 무너뜨린 손문의 혁명세력은 새로운 중화민국을 수립했으나 정국은 여전히 소연한 상태에 있었다. 특히 일본과의 관계가 날로 악화되었다. 일본은 1차 세계대전이 일어나 열강의 세력이 일시적으로 중국에서 후퇴하는 기회를 이용하여 1915년 1월 중화민국 총통 원세개(袁世凱)에게 강압적인 21개 조를 요구하였다.

　　주요 내용은 남만주철도 권익기한의 99년간 연장, 내몽고에서 일본의 우월권 확립, 중국 연안의 항만·섬의 타국에 대한 할양·대여금지, 중국 정부의 정치·재정·군사고문으로 일본인 초빙 등 하나 같이 굴욕적인 내용이었다. 이로 인해 중국 조야에서는 반일감정이 고조되어 갔다.

　　박재혁은 상하이에 머무는 동안 중국대륙은 물론 제1차 세계대전을 전후하여 격변하는 국제정세 등을 내다보는 안목이 틔었다. 우물 안 개구리에서 차츰 연못으로, 나아가서 넓은 바다를 바라볼 수 있게 된 것이다.

　　상하이의 서점에는 중국 사회를 대표하는 저명 인사들의 각종 서책이 진열되고, 널리 읽히고 있었다. 진보적인 문인·학자들의 책과 중국 개화사상가들의 글이 화제를 모았다. 박재혁이 얼마 뒤 의열단에 가담하게 된 것은 단순히 김원봉과의 친면뿐만 아니라 중국 현지에서 읽은 독립사상을 일깨운 책의 영향도 적지 않았을 것이다.

박재혁은 양계초(梁啓超)의 책『음빙실문집』을 샀다. 책 중에 「방관자를 꾸짖는다」는 글을 읽기 위해서였다. 중국 상인들은 물론 한국인들과의 대화에서 이 글의 내용이 자주 언급되고 있어서 구입한 것이다. 또 베이징대학 교수 진독수(陳獨秀)의 책도 사서 읽었다.

양계초의 글은 중국이 청일전쟁에서 패배한 뒤 외세의 중국진출이 현저해지면서, 배외운동의 격화로 의화단사건이 발발되어, 외국의 연합군이 베이징까지 침입하는 등의 위난을 겪을 때 쓰였다. 서두 부문을 소개한다.

방관자를 꾸짖는다

방관자보다 보기 싫고 저주스러우며 비열한 인간은 이 세상에 없다. 방관자라는 것은 동쪽 강가에 서서 맞은편의 붉게 타오르는 불꽃을 보고 희희 거리고, 이쪽 배를 타고서 저쪽 배가 침몰하는 것을 관망하면서, 물에 빠져 허우적대는 사람을 보고 기꺼워하는 자와 같다. 이러한 자는 음험하다고도, 표독하다고도 말할 수 없다. 별다르게 부를 방법이 없다. 부를 수 있다면 혈기가 없는 사람들이라고 할 수 있다. 아아! 혈기라는 것은 인류가 생존하는, 세상이 존립하는 근본이다. 혈기가 없으면, 인류도 세계도 존재할 수 없다. 그러므로 방관자는 인류의 악인이며 세계의 원수이다.

인간이 세상에 태어나면 각자 그 책임이 있다. 대장부가 책임을 안다는 것은 인간 구실의 시작이며, 책임을 진다는 것은 곧 인간의 구실을 포기해 버린 것이다. 그러므로 인간은 한 집안, 한 국가, 세계에 대해서 그 책임이 각각 있는 것이다. 한 집안, 한 국가, 세계에 대해서 각각 그 책임을 포기한다면, 반드시 집안은 몰락하고 국가는 망하며 세계는 파멸될 것이다. 방관한다는 것은 책임을 포기한다는 말이다. 중국의 문장가들에게는 두 경구가 있다. "인간을 구제하고 사물을 이롭게 하는 것은 내가 아니고, 주공(周公)이나 공자가 할 일이다." 일반인들에게도 두 구(二句)의 숙어가 있는데. "자기 집 대문 앞 눈이나 쓸 일이며, 남의 집 지붕 위의 서리는 상관하지 말아야 한다." 이 몇 마디는 진실로 방관주의의 경전이며 구호이다. 이러한 말들은 전 중국인의 뇌리에 깊이 박혀, 버릴 수도 씻을 수도 없다.

바꾸어 말하자면, 방관이란 우리 전 중국인의 성질을 대표한 것이고, 혈기가 없다는 것이 우리 전 중국인의 전유물이 된 것을 의미한 것이다. 아아! 나는 이것을 두렵게 여긴다. 방관이란 것은 손님의 입장에 선다는 말이다. 세상일에는 손님만 있고 주인이 없어서는 이룩될 수 없다. 한 집의 예를 들면, 크게는 그의 자식을 교육시키고 재산을 관장하는 것이며, 작게는 대문을 열고 닫으며 뜰을 가꾸고 소제하는 것 까지 모두 주인이 할 일이다. 주인은 누구인가, 곧 그 집안의 사람들이다. 집안사람들이 주인의 임무를 다 했을 때 집안이 이루어진다.

만일 집안사람들이 각기 손님의 입장에서, 아버지는 아들에게, 아들은 아버지에게, 형은 아우에게, 아우는 형에게, 남편은 아내에게, 아내는 남편에게 그들의 책임을 미루는, 이와 같은 것을 주인이 없는 집안이라고 말할 수 있다. 이러한 집안은 머지않아 몰락하고 말 것이다. 국가도 다름 아니다. 국가의 주인은 누구인가, 곧 그 국가의 국민이다. 서방국가가 강대하게 된 이유에는 다른 데 있는 것이 아니고, 국민들이 모두 주인의 직분을 다 했기 때문이다.

중국은 그렇지 않다. 주인이 누구냐고 물으면 누구도 대답하는 사람이 없다. 곧 "백성들이 주인이다"라고 말하면, 백성들은 "이것은 관리들의 일이며 나와 아무 상관 없다"라고 말한다. "관리들이 주인이다"라고 말하면, 관리들은 "내가 이 자리에 앉아있는 것은 그저 위세를 부리고 이권을 갖기 위해서이며, 다른 일은 아무것도 모른다"라고 말한다. 국가는 비록 크지만, 결국 주인은 없는 것이다. 주인이 없는 국가에서는 노복들이 농간을 하고, 도적들이 탈취를 행하기 마련이다.

『시경(詩經)』에서 말하기를 "당신 집안을 쓸지도 닦지도 못하고, 당신이 쇠북과 장고를 갖고 있어도 울리지도 치지도 못한다면, 당신이 죽고 나면 남들이 차지한다." 이것은 틀림없는 하늘의 이치이니, 남들은 아무 잘못이 없다.[35]

진독수의 '청년에게 고함'

다음으로 진독수의 글 「청년에게 고함」의 일부를 소개한다.

자각이란 무엇인가? 신선하고 활발한 가치와 책임을 깨달아서 스스로 비하하지 않는 것이다. 분투란 무엇인가? 그 지혜와 능력을 발휘하여 진부하고 노후한 것을 배제하고 그것을 보기를 마치 원수와 같이, 홍수나 맹수와 같이 대하여 그들과 함께 어우르지 않음으로써 그 세균에 감염되지 않게 하는 것이다.

아, 우리의 청년이여! 과연 그렇게 할 수 있겠는가? 내가 청년들의 연령을 보면, 열 사람 중 다섯 사람은 나이는 청년이지만 육체는 노인이다. 나이나 육체는 청년이지만 뇌 신경은 열 사람 중 아홉 사람이 노인이다. 윤기 있는 머리카락과 윤택한 얼굴, 반듯한 허리와 넓은 가슴은 분명 청년임에 틀림없다. 그러나 그들이 머릿속에서 생각하고 가슴 속에서 품고 있는 것은 한결같이 저 진부하고 노후한 것과 다를 바 없다.

처음에는 항상 신선하고 활발하지만 차츰 진부하고 노후 된 분자에게 동화된 것도 있고, 점차 진부하고 노후 된 분자의 세력의 강대함에 두려움을 느껴 뒤를 돌아보며 주저하여 대담하고 완강한 투쟁을 하지 못하는 것도 있다. 사회에 가득 찬 분위기는 가는 곳마다 진부하고 노후하지 않는 것이 없기 때문에, 약간의 신선하고 활발한 것을 찾아서 질식 상태에 있는 절망감을 해소해 보려고 하지만 아득할

따름이다.

이러한 현상이 인체에 퍼지면 죽을 수밖에 없고, 사회에 퍼지면 망할 수밖에 없다. 이 병은 크게 한숨을 쉬며 탄식한다고 해서 치료될 수 있는 것이 아니다. 이는 영민하게 자각하고 용감하게 분투하는 청년의 한두 사람이, 인간만이 가질 수 있는 지능을 발휘하여, 여러 사상을 이해한 다음 취사 선택하여 - 무엇이 신선하고 활발하여 오늘날의 생존경쟁에 적합한 것이며, 머릿속에서 배제되어야 하는가 - 날카로운 칼이 철(鐵)을 끊고 잘 드는 칼이 마(麻)를 자르듯 우유부단한 생각을 버리고, 자기를 구제하고 남을 인도한다면 사회는 밝고 평온한 날이 찾아올 것이다.

청년이여, 이와 같은 것을 스스로 감당할 수 있겠는가? 만일 시비를 가리려고 한다면 다음과 같은 6개 항목을 제시하겠다. 냉정한 마음으로 살피기 바란다. 평등한 사람이란 각자가 자주의 권리를 갖는 것이다. 결코 남을 노예로 할 권리도 없으며, 또한 스스로 노예가 될 의무도 없다. 노예란 옛날의 약자가 강폭자의 황탈 때문에 자유의 권리를 잃어버린 자를 일컫는 말이다. 인권평등설이 성립된 후로부터 노예라는 이름을 혈기 있는 사람으로서는 참을 수 없는 말이 되었다. 세상은 근세 유럽역사를 〈해방의 역사〉라고 말하고 있다. 군권의 파괴는 정치지배로부터, 교권의 부정은 종교지배로부터, 균산설(均産說)의 흥기는 경제지배로부터, 여자 참정운동은 남성지배로부터의 해방을 각각 추구한 것이다.

해방이란 노예의 굴레에서 벗어나 그 자유·자주의 인격을 성취하는 것을 말한다. 우리는 손과 발로 따뜻함과 배부름을 도모하고, 입과 혀로 옳고 그름을 말하며, 마음과 생각으로 믿는 바를 행한다. 절대로 타인의 참견을 용납하지 않으며, 또한 자신이 주인이 되어 남을 노예로 삼는 일도 있을 수 없다.

내게 스스로 독립된 자주적인 인격인이라고 인정한 이상, 몸을 지키는 모든 행실·권리·신앙 등은 각자 고유의 지능에 의지할 뿐, 타인의 도리에 결코 맹종하거나 예속될 수 없다. 그렇지 못한 충효·절의는 노예의 도덕인 것이다. 독일의 철학자 니체는, 도덕을 독립심과 용감함은 '귀족도덕(Morality of Nobel)', 비굴함과 복종은 '노예도덕(Morality of Slave)'이라고 두 가지로 나누었다. 형벌을 가볍게 하고 부역을 덜어주는 것은 노예의 행복이다.

노예도덕을 기리고 찬양하는 것은 노예의 문장이다. 벼슬을 숭배하고 작위를 받는 것은 노예의 영광이다. 노예도덕을 찬양하는 큰 비석과 높은 묘는 노예의 기념물이다. 그러한 옳고 그름, 영화와 굴욕을 자신이 본위가 되지 못하고 타인에게 의지하기 때문에 개인의 독립적이고 평등한 인격이 소멸되어 존재치 않으며, 그 일체의 선악 행위는 자신의 의지에 따라서 공과(功過)를 매길 수 없기 때문에, 이러한 이를 노예라고 해서 누가 그르다고 말하겠는가? 누구든지 덕을 쌓고 공을 세우는 일에 있어서는 이러한 것을 먼저 잘 판별하여야만 한다.[36]

국내에서 3·1혁명 맞아

국치 9년 만에 3·1독립혁명

1919년 3월 1일을 시발로 한반도 전역과 한인이 사는 세계 여러 곳에서 전개된 독립만세시위는 우리 민족사에 크나큰 변환의 계기가 되었다. 1910년 일제에 강점당한 한민족이 국치 9년 만에 일제의 무자비한 총칼 앞에 맨손으로 궐기한 민족사적 자주독립혁명은 상하이에 임시정부 수립과 봉건 군주체제를 종식시키고 민주공화제로의 전환점을 만들었다.

컬럼비아대 역사학 교수 프리만(1852~1930)은 "로마는 그 이전 역사의 모든 흐름이 유입되어 그곳에서 대문명을 이루었고, 그 이후 역사의 모든 흐름이 그곳을 발원으로 다시 흘러가는 거대한 호수다"라고 평한 바 있다.

이 말을 우리나라 기미 3·1독립혁명에 대입하면 적합한 비유라 할 수 있다. 동학농민혁명·만민공동회·독립협회·의병전쟁·국내외 항일운동 등 각급 민족운동의 흐름이 3·1혁명으로 접목되고, 그 이후 대한민국 임시정부 수립과 그리고 청산리전투와 봉오동전투 등 무장전쟁을 비롯하여 조선의용대·광복군 등 각급 독립투쟁은 3·1혁명을 발원으로 하여 더욱 강화되고, 체계화·조직화·장기화의 동력이 되었다.

국권상실 이후 한민족은 세계 식민지 해방투쟁에서 유례를 찾기 어려울 만큼 다양한 전략·전술을 동원하여 국권회복운동을 전개하였다. 그것이 3·1혁명으로 집약되면서 마침내 민족적 에너지가 폭발하였다. 국치 9년 만에 폭발한 3·1혁명은 일제 식민통치를 거부한 민족의 자주독립선언임과 더불어 봉건 군주체제를 종식하고 민주공화주의를 지향하는 근대로의 거대한 횃불이었다.

문명사적으로는 전근대적인 신민의식(臣民意識)을 탈피하고 근대적인 시민의식(市民意識)으로의 전환점이며, 민족사적으로는 신분·지역·성별·종교를 뛰어넘는 민족주의의 시발점이고, 국제적으로는 중국의 5·4운동을 비롯하여 인도차이나반도와 동남아, 아랍, 이집트 등에까지 파급되어 반제국주의 약소민족 해방운동의 불씨가 되었다.

그런가 하면 일제의 가혹한 무단통치에 짓밟혔던 민족혼이 되살아나 곳곳에 임시정부 수립운동이 일어나고 무장투쟁이 전개되었다. 또한 긴 세월 남성 위주 가부장제의 질곡에 있었던 여성이 역사 현장에 등장하게 되는 여성해방의 계기가 되었다.

3·1혁명의 주도층은 시종 '비폭력'을 내세웠다. 독립선언의 3대원칙은 1. 독립운동은 대중화할 것, 2. 독립운동은 일원화할 것, 3. 독립운동의 방법은 비폭력으로 할 것이었다. 이 뜻은 최남선에게도 전달돼 독립선언서의 기본원칙으로 삼아 작성되었다.

독립운동사 연구 일각에서는 '비폭력 방법'과 관련 '투항주의적' 등여러 가지로 비판하는 경우도 있다. 하지만 당시 조선의 상황을 살피면 비폭력주의를 내세울 수밖에 없었음을 이해하게 된다.

당시 조선에는 조선 주둔 일본 정규군 2만 3천여 명, 일제 헌병경찰 1만 3천 3백 80명, 조선총독부 관리 2만 1천 3백 12명, 34만 명의 일본인 이주민 중 무장 일본 이주민 2만 3천 3백 84명 등 약 8만 1천

76명이 있었다. 일제는 이 밖에도 언제든지 한국에 증파할 수 있는 막강한 군사력을 보유하고 있었다.

일제는 조선을 완벽하게 통치하고자 전국 수천 개의 일본군 주둔소와 헌병·경찰관 주재소와 조선총독부 행정조직을 거미줄같이 늘어놓아 총검으로 식민지 무단통치를 자행하고 있었다.

일제는 1907년 9월 3일 이른바 「총포 및 화약류 단속법」을 제정하여 한국인의 총기 소지나 운반을 철저히 탄압하고, 병탄 이후에는 이 단속법을 더욱 강화하였다. 한국인은 철저히 무장해제된 상태이어서 산짐승이 날뛰어도 이를 퇴치할 총기 하나도 없는 실정이었다. 박은식은 이를 두고 "한국인은 일제의 탄압으로 '촌철(寸鐵)'도 갖지 못했다"고 지적하였다.

당시의 사회적 조건을 고려할 때 만일 3·1혁명의 지도자들이 민중에게 폭력방법을 요청했다면 3·1혁명은 민중들에 의해 자발적으로 파급되어 1,750만 명의 국민 중에서 220만여 명이 봉기한 대중운동으로 발전하기 어려웠을 것이다. 탑골공원과 기타 요소에 일본군 몇 개 중대나 몇 개 대대만 투입해도 진압되는 소규모 무장 폭동으로 끝나고 말았을 것이 분명하다.

3·1혁명을 계기로 중국 상하이에서 대한민국 임시정부가 수립되고, 오늘의 대한민국이 임시정부의 법통을 승계하면서, 3·1혁명은 대한민국의 모태가 되었으며, 대한민국 건국 원년이 된다.

천도교의 천도구국단을 비롯하여 몇 갈래로 준비 중이던 독립선언운동은 1918년 미국 윌슨 대통령의 민족자결주의와 더불어 국제적인 환경을 포착하여 상하이에서 조직된 신한청년당과 도쿄 한인유학생들의 2·8독립선언이 직접 계기가 되어 본격적인 거사가 준비되었다.

독립선언을 준비하던 천도교 측은 교단 단독으로 하는 것은 불가능하다고 판단, 기독교·불교·유교 등 각 종교 교단을 총망라하고 대한제국 시대의 유지들을 민족대표로 추대하기로 하여 교섭에 나섰다. 박영효·한규설 등 한말 지도자들이 이를 거부하면서 각 교단의 신뢰받는 중견 인물들을 중심으로 민족대표 33인이 선정되었다. 기독교 16인, 천도교 15인, 불교 2인이었다.

민족대표들은 고종의 독살설이 나도는 가운데 인산(因山)이 3월 3일로 결정되자 많은 사람이 국장일에 서울로 모일 것을 예견하고, 전황제의 국장일과 기독교의 축일인 일요일(2일)을 피해 3월 1일을 거사일로 결정했다. 독립선언서 2만 1,000매를 천도교 소속 보성사에서 인쇄하고 학생들이 전국 각지에 배포했다.

재경 민족대표들은 28일 밤 손병희 집에서 최종 회합을 갖고 거사계획에 대한 마지막 검토 끝에 3월 1일 오후 2시에 탑골공원 대신 태화관에서 독립선포식을 갖기로 결정했다. 탑골공원에서 거행하면 흥분한 학생·시민과 일경의 충돌로 발생할 엄청난 희생을 막기 위한 조처였다. 민족대표들은 이날 오후 2시 태화관에서 조선독립을 선언하고, 일경에 구속되었다. 한편 탑골공원에서는 학생·시민 수만 명이 모여 독립만세를 외치며 일경과 맞섰다.

3·1혁명은 3, 4월에 전국적으로 파급되었다. 전국 각지에서 성

별·직업·종교·신분을 가리지 않고 일제의 총칼에 맞서 독립만세를 불렀다. 전국적으로 집회 1,542회, 단순시위 778회, 일경과 충돌 426회, 일제경찰·헌병관서 습격 159회, 일반관서 120회에 이른다. 전체 인구 10분의 1 이상이 제국주의 타도 투쟁에 참여한 것은 세계 식민지 해방 운동사에서 초유의 일로 기록된다.

야수적인 일제의 탄압으로 사망 7,509명, 부상 15,961명, 피검 46,948명의 희생을 치르고, 3·1독립만세 시위 후에도 일제의 탄압은 가중되어서 정확한 피해 상황은 밝혀지지 않았다.

3·1민족대표들은 서대문형무소 등에서 가혹한 심문과 고문을 받고 양한묵·박준승 두 분이 옥사했으며 손병희는 병보석 뒤 사망하였다. 한용운은 감옥에서 「조선독립 이유서」를 작성하여 상하이 임시정부로 밀송했다.

우리는 근대 한민족사의 가장 위대한 분수령인 1919년의 거족적인 '3·1혁명'을 '3·1운동'이라 비칭하면서 그 100주년을 맞았다. 선열들이 조국의 자주독립을 위해 왜적의 총칼에 맞서 싸웠던 3·1혁명의 정명(正名)도 찾지 못한 채이다.

공자의 '정명사상(正名思想)'이 아니라도 모든 사물이나 사건에는 거기에 부합되는 이름(명칭)이 따른다. 명(名)과 실(實)이 상부할 때만이 정명의 가치가 부여된다고 할 수 있다.

역사적으로나 세계사적으로 당당한 혁명의 자리에 서야 할 1919년 3~4월 한민족의 위대한 혁명적 거사를 운동이라 평가절하하고, 아이들과 외국인이 '쓰리 컴마 원 스포츠'라고 부르게 되었다. '3·1운동'

은 'March First movement' 등으로 번역되는데, 한국역사에 대한 이해가 부족할 경우 'March First Sports'로 번역될 수도 있다. 정명을 찾아야 하는 이유의 하나이기도 하다.

3·1혁명보다 8년 전인 중국의 신해혁명과 2년 전의 러시아혁명과 비교할 때 우리는 스스로 평가절하하고, 용어에서 정명을 찾지 못하고 있는 것이다.

'3·1운동'이 아니라 '3·1혁명' 이어야 하는 이유부터 따져본다. 혁명(Revolution)이란 용어는 라틴어에서 기원하는데 "마차 바퀴를 완전히 한 바퀴 돌린다"는 뜻이다. 체제 내의 개혁이나 변혁과는 차원을 달리한다. 동양에서는 새 왕조가 수립될 때 상제(하늘)가 옛 왕조에게 부여했던 "천하를 다스리라는 명령을 바꾸어(革), 그것을 새로운 왕조에게 주었다(命)하여, 그 정당성을 이론화하는 개념으로 쓰였다. 『역경』에는 "하늘과 땅이 바뀌어 사시(四時)가 이루어진다"라는 뜻이었다.

"기원 4252년(1919년) 3월 1일은 우리나라 2천만 한국 민족이 정의·인도의 기치를 높이 들고 충(忠)과 신(信)을 갑옷으로 삼고 붉은 피를 포화로 대신하여 창세기 이래 미증유의 맨손 혁명으로 세계 무대에서 활동한 특기할 만한 날이다."(박은식, 『한국독립운동지혈사』)

부산지역의 3·1혁명

박재혁이 상하이 등지에서 무역업과, 독립운동가들과 접촉하다가 1918년 6월 귀국하여 부산에 머물고 있을 때이다. 3·1혁명은 부산에서도 치열하게 전개되었다. 개항 이후 부산 사람들에 대한 일본의 경제적 수탈과 횡포는 어느 곳보다 심하였으며, 조선을 식민지화한 뒤에는 우리 민족의 애국심·독립정신·반일정신을 뿌리 뽑기 위하여 역사적·전통적인 문화 유물을 고의로 철거·폐허화하였다.

부산에는 사립학교·노동야학 등이 설립되어 일제의 식민노예교육에 맞서 민족의식을 고취시켜 왔다. 사립학교·노동야학 교사와 학생들 중 반일민족의식으로 무장된 인사들이 많았다. 이들은 손에 태극기를 들고 독립만세를 부르며 기숙사를 뛰쳐나와 좌천동 거리를 누비면서 만세시위를 전개하였다. 거리의 대중이 여기에 호응하였으며, 학생들은 태극기를 이들에게 나누어 주었다.

3.1운동 100주년기념 학술대회(2018.10.31. 부산광역시청 주최·박재혁 의사 의열투쟁 명지대 박철규 교수) ⓒ 개성고등학교 역사관

이들은 3·1혁명에서 주도적 역할을 수행하였으며, 경남지방에서 최초로 「독립선언서」가 배포된 곳은 부산·마산이었다. 이갑성의 지시를 받은 이용상에 의하여 「독립선언서」 200매가 이 지역에 전달되었다. 같은 무렵 부산은 서울의 학생대표가 직접 내려와 경성학생단 명의로 부산지역 각 학교 대표들에게 「독립선언서」를 전달하고 궐기를 호

소하였다.

이는 3월 11일 부산시위의 중요한 계기가 되었다. 3월 3일 부산·마산에 「독립선언서」가 배포되고, 서울의 시위 소식이 전해지면서 시위는 불붙기 시작하였다. 3월 11일 기독교계 일신여학교 학생들과 기독교인이 중심이 되어 경남지방 최초로 3·1혁명의 횃불을 치켜세웠다. 11일 수업을 마치고 기숙사로 돌아와 저녁식사를 마친 고등과 학생 11명은 교사 주경애·박시연 등과 합류한 시위군 중 수백 명은 감격에 넘친 힘찬 시위를 전개하였으나 출동한 일본 군경에게 학생 11명과 두 여교사는 검거되어 학생들은 징역 6개월, 교사는 각각 징역 1년 6개월을 선고받았다.

의거에는 학생 신분이 아닌 박연이라는 16세의 소녀도 학생들과 같이 옥고를 치렀다. 일신여학교 학생 의거는 경남 3·1혁명의 효시를 이루어 항쟁의 새로운 계기를 마련하였을 뿐 아니라 부산 주민들의 항일의식을 한층 높여갔다.

4월 3일 학생·주민들이 주동이 된 대대적인 독립만세시위가 다시 부산진 거리에서 일어났다. 부산진공립보통학교 학생 배수원 등은 동교 교사 홍재문과 더불어 논의를 거듭한 뒤 수백 명 주민의 호응을 얻어 궐기하였다. 시위군중은 기독교인들로 오후 2시 30분경 주동 인물들은 독립만세라고 크게 쓴 플래카드를 좌천동 거리에 세우고 군중들과 더불어 대한독립만세를 고창 연호하면서 시위를 전개하였다.

이 시위로 주동 인물 10명이 검거되었다. 8일 오후 8시경 부산진공립보통학교 김애련·전호봉·이갑이 등이 만세 시위를 주동하자, 일신여학교 여학생 약 50명과 인근 수백 명 군중들이 호응하였다. 좌천동에 살던 김태곤·박성해(부산공립상업학교, 8회)·최익수(부산공립상업학교, 8회) 외 16명은 동래고등보통학교·부산공립상업학교·일신여학교의 남녀 학생과 주민들을 규합하여 9일과 10일 양일에 걸쳐 좌천동에서 대대적인 만세시위를 준비하였다. 하지만 이 계획은 일본 경찰에 탐지되어 주모자들이 피검됨으로써 무산되고 말았다.

영도에서는 부산공립상업학교 출신 이남식이 영도의 사립 옥성학교 교사 정인찬(부산개성학교 졸업)의 지도를 받아 학생들과 더불어 학교 뒤편 송림 사이에서 대한독립만세를 고창하고 시내로 행진하려다가 일본 경찰에 검거되었다. 정인찬은 독립군 지원을 목적으로 한 '조선국권회복단'의 단원이었다. 이는 1910년대 활동하던 각종 비밀결사조직이 3·1혁명을 확산하고 조직하는 데 앞장선 실례에 해당된다.

옥성학교(현 영도초등학교), 영도 독립운동의 발상지로 독립운동가 정인찬(개성학교 졸업)교사의 지도로 이남식(부산공립상업학교 10회)과 이 학교 교사들이 3·1혁명을 하였다. 광복 후 개교 기념사진, 태극기가 아름답게 보인다. ⓒ 개성고등학교 역사관

부산에서 독립선언서·격문을 비밀리에 작성하여 배포한 안희제 등도 조선국권회복단과 관계를 맺고 있던 인물이었으며, 부산항일구국단 출신의 최천택(崔天澤)도 각 시위에 앞장서 활약하였다.

부산지방의 3·1혁명은 양상을 달리하면서도 4월 하순까지 지속되었다. 4월 중순 이래 3·1혁명은 일제의 무자비한 탄압으로 소강상태에 접어들 때 노동자계급에 의해 계승·발전되었다. 4월 20일 전차 운전수 50여 명과 조선와사전기회사 노동자들이 동맹파업을 단행하였으며, 5월 16일에는 만주철도관리국 철도공장 초량 분공장의 조선인 직원 200여 명이 독립파업을 단행하는 등 위세를 떨치었다. 부산의 3·1혁명은 초기에 지식인·청년·학생층을 중심으로 전개되었으며, 노동자를 비롯한 민중도 점차 독자적으로 시위를 조직·주동하여 나갔다.

이들이 투쟁의 선봉에 나선 것은 일제 수탈의 최대 피해자로 누구보다도 반일의식이 강렬했기 때문이다. 노동자들은 3·1혁명 과정에서 민족해방운동의 주력군으로 등장하였다. 1920년대 들어서 부산지역의 노동운동이 적극적인 양상을 띤 것도 3·1혁명을 통하여 체득한 민족적·계급적 자각과 투쟁 경험 때문이었다. 1920년대 전반기의 대표적인 파업투쟁인 1921년 부두노동자를 중핵으로 하는 운수부문 노동자의 총파업투쟁과 1922~1923년 수차례에 걸쳐 전개된 조선방직 노동자들의 파업투쟁, 1925년 말인 쇄직공들의 총파업투쟁 등이 그것이다.

3·1혁명 직후 부산은 비밀결사운동도 활발히 전개되었다. 1919~1922년에 조직된 비밀결사는 민족부활단결사대·의우단·의용단 등이 있다.

이밖에 의열단·대한민국임시정부·대한독립군정서·하와이조선독립단 등의 해외 독립운동조직이나 홍한민회 등 국내 다른 비밀결사와 연계된 조직사건이 빈발하였다. 초기에 친목단체의 성격을 지녔던 부산 각지의 청년단체들은 3·1혁명 이후 고양된 민족의식 속에서 성격을 변화시켜 갔다.

개별분산적인 청년단체들을 지역단위의 민족해방운동의 구심체로 결집해 내고자 7개의 청년단체가 연합하여 부산청년회를 조직하여 활발한 활동을 전개하였다. 각종 여성단체·종교단체·소년단체·예술단체·친목단체 결성은 대중적 기반을 확대해 나갔으며, 전 계급적 민족운동의 지역적 토대라고 할 수 있는 주민운동이 대중의 생활 요구와 결합하여 지역 단위에서 심화되어 간 것도 3·1혁명에서 역사적 연원을 찾을 수 있다.[37] 박재혁도 각종 항일 지하단체에 은밀히 참여하였다.

상하이에 대한민국임시정부 수립

1919년 3·1혁명의 성과물 중에 대표적인 것은 중국 상하이에 대한민국임시정부가 수립된 일이다. 국치 9년 만에 비록 해외에서이지만 국가를 대표하는 임시정부가 수립됨으로써 나라의 법통을 유지할 수 있게 되었다.

먼저 망명정부와 임시정부의 차이부터 살펴보자. 망명정부란 왕조나 정부의 법통을 승계할 수 있는 위치 즉 왕(임금)이나 왕세자, 정부의 수반 또는 승계권자가 외국침략이나 정변·쿠데타 등으로 쫓겨나서 세운 정부를 일컫는다.

이와 달리 임시정부는 왕조나 정부의 승계자와는 상관없는 사람들이 국권(주권) 회복을 위하여 해외에서 세운 정부를 말한다. 따라서 당연히 민간인들이 상하이에 세운 것은 임시정부이다. 일제로부터 국토와 주권·국민을 완전히 되찾아 '정식' 정부를 수립할 때까지 한시적으로 '임시'로 세운 정부였다.

대한민국임시정부 국무원 성립기념 사진 (1919. 10. 11) ⓒ 위키백과

국내에서 3·1혁명 맞아

독립지사들이 상대적으로 한인이 많이 거주하는 중국 만주나 러시아 연해주가 아닌 상하이에 임시정부를 세운 이유는 무엇일까. 앞의 두 지역은 한인이 많이 사는 것은 물론 국경과 가까워서 독립운동에 적합한 곳이었다. 그러나 청일전쟁과 러일전쟁에서 승리한 일제가 그 지역에 영사관과 경찰관서를 설치하여서 우리 임시정부가 자유롭게 활동하기 어려운 처지였다.

상하이는 1800년대부터 상업도시로 발전한 해상교통의 요지이고, 1911년 중국 신해혁명의 거점도시인 데다 1840년대에 외국주권이 행사되는 조계(租界), 즉 미국·영국·프랑스의 조계가 있었다. 미국과 영국의 조계 대신 프랑스조계를 택한 것은 1789년 대혁명정신, 자유·평등·박애정신이 남아 있었고, 프랑스조계에서는 한국의 임시정부의 장소를 양해하였다.

상하이를 독립운동의 거점으로 선택한 인물은 중국 신해혁명에 직접 참여한 신규식의 역할이 컸다. 을사늑약에 분통하여 음독했다가 오른쪽 눈을 실명한 신규식은 중국으로 망명하여 손문을 도와 신해혁명에 가담하고, 이후 박은식·신채호·이상설 등과 신아동제사를 조직하여 상하이에 둥지를 틀었다.

독립운동가들에게 국제정세의 변화가 감촉되었다. 제1차 세계대전의 종결과 1917년 10월 볼셰비키혁명 후 레닌이 러시아 안의 100여 개 소수민족에게 '민족자결'을 원칙으로 하는 「러시아 제민족의 권리선언」을 발표하고, 1918년 1월에는 윌슨 미국 대통령이 민족자결주의 등 「14개조 원칙」을 선언하였다.

여운형 등 동제사 간부들은 이와 같은 국제정세의 추이를 지켜보면서 신한청년당을 조직하여 김규식을 파리강화회의에 파견하는 한편, 국내에서 3·1혁명이 발발하고 임시정부수립론이 제기되면서 상하이를 중심으로 임정 수립이 구체적으로 논의되기에 이르렀다.

상하이에는 기존의 동제사와 신한청년당 핵심인사들을 비롯하여, 러시아와 만주에서 활동하던 독립운동가, 3·1혁명의 주역들이 파견한 현순, 일본에서 2·8독립선언을 주도한 최근우, 미국에서 여운형 등이 속속 모여들었다. 이들은 프랑스 조계 보창로 325호에 독립임시사무소를 차렸다. 비용은 국내에서 3·1혁명 준비기금으로 천도교의 손병희가 기독교 이승훈에게 전한 5천원 중 2천원으로 사무소를 임대하였다.

이들은 1919년 3월 26~27일 프랑스 조계의 한 예배당에서 독립운동을 지휘할 '최고기관'의 설치 문제를 논의하고, 이동녕·이시영·조소앙·이광·조성환·신석우·현순·이광수가 참여하는 8인 위원회를 구성하여 임시정부 수립절차에 들어갔다. 8인 위원회는 논의를 거듭하여 먼저 임시의회를 설립하자는데 합의하였다.

4월 10일 오후부터 프랑스 조계 김신부로 셋방에서 임시의정원을 구성하기로 결정하고 조직체의 성격과 형태를 둘러싸고 치열한 논쟁을 벌였다. 정부를 수립하자는 측은 국치 이래 국민의 소망은 정부수립에 있다는 주장을 폈고, 다른 측은 위원회나 정당을 먼저 구성하자는 주장이었다. 수직적인 정부가 수립되면 지역·단체·이념 등 다양한 계층의 사람이 참여하기가 어렵다는 이유였다. 논란 끝에 결국 임시

국내에서 3·1혁명 맞아

정부를 수립하는 데 뜻을 모았다.

국내 각도를 대표하는 29명으로 임시의정원을 구성하고 국호와 연호, 국체, 임시헌장(헌법)이 채택·제정되었다. 국호는 대한민국, 연호는 대한민국 원년, 국체는 민주공화제를 채택하였다. 임시헌장을 제정하기 위해 이시영·조소앙·신익희·남형우로 4인 위원회를 구성하고, 여기서 대한민국 임시헌장이 기초되었다.

임시의정원은 밤을 새워 토의를 거듭한 끝에 전문 10조로 된 임시헌장을 심의·통과시켰다. 국호제정과 관련하여 대한민국·조선민국·고려공화국 등이 제안되어 역시 토론을 거쳐 대한민국으로 확정하였다. '대한'이라는 국호를 둘러싸고 일부 의정원의원이 망한 대한제국의 국호를 다시 쓸 이유가 있는가를 따지고, 다수 의원은 망한 대한제국을 다시 일으켜 세운다는 의미와 함께 '한(韓)'이라는 명칭은 삼한 이래 우리 민족의 고유한 이름이라는 사적(史的)고찰이 전개되어 결국 '대한제국'에서 '제(帝)'자 대신 '민(民)'의 시대를 연다는 뜻에서 '대한민국'으로 결정되었다.

임시의정원은 의장 이동녕, 부의장 손정도, 서기 이광수·백남철을 뽑았다. 임시의정원은 정부조직의 법제를 제정하고 4월 11일 이를 공포하였다. 대한민국임시정부가 태어난 순간이다. 현재의 대한민국은 임시정부의 법통을 계승한 때문에 이때가 대한민국 건국 원년이 된다. 1948년 8월 15일 정부수립일을 대한민국 건국절로 삼으려던 이명박·박근혜 정부의 시도는 이와 같은 역사적인 사실을 외면한 처사였다.

임시정부 의정원은 국무총리로 이승만을 선출한데 이어 정부 각
료를 선임하였다. 초기 내각 명단이다.

　국무총리 이승만

　내무총장 안창호

　외무총장 김규식

　재무총장 최재형

　군무총장 이동휘

　법무총장 이시영

　교통총장 문창범

임시정부는 국무총리에 선출된 이승만이 미국에 체류 중이어서
내무총장 안창호를 중심으로 운영되었다.

상하이 임시정부가 채택한 임시헌장의 10개 조항에는 "대한민국
은 민주공화국이다"(제1조), "대한민국은 임시정부가 임시의정원의
결의에 의하여 이를 통치함"(제2조), "대한민국의 인민은 남녀·빈부
및 계급 없이 일체 평등으로 함"(제3조), "대한민국의 인민은 종교·언
론·저작·출판·결사·집회·거주이전·신체 및 소유의 자유를 향유함"(제4
조) 등 근대적 민주공화제의 헌법 내용을 담았다. 비록 임시정부일 망
정 유사 이래 처음으로 민주공화제 정치체제를 채택한 것이다. 박재혁
은 이와 같은 소식을 듣고 있었다.

임시정부의 민주공화제 채택

대한민국임시헌장(헌법)은 조소앙이 기초하여 1919년 4월 11일 임시의정원에서 심의를 거쳐 채택된 전문과 10개 조로 된 간략한 내용이었다. 일제 병탄 9년 만에 국체와 정체를 민주공화제로 하고, 구 대한제국의 복구가 아니라 민주공화제의 새 나라 건국을 내외에 천명한 것은 가히 혁명적이었다.

더욱 놀라운 사실은 일제와 싸우는 전시체제의 임시정부가 "대한민국은 임시정부가 임시의정원의 결의에 의하여 차를 통치함"(제2조)이라고 규정하여, 권력분립체제를 분명히 한 대목이다. 실제로 임시정부는 임시의정원이 국정운영의 최고정책결정 기관이 되었다.

헌법은 남녀귀천·빈부계급이 없는 일체 평등을 명기하고(제3조), 신교·언론·거주이전·신체·소유의 자유(제4조), 선거권과 피선거권 보장(제5조), 교육·납세·병역의무(제6조), 인류의 문화 및 평화에 공헌과 국제연맹 가입(제7조), 구황실 우대(제8조), 생명형·신체형·공창제 폐지(제9조) 등의 조항을 설치하였다.

주목할 사실은 제10조에서 "임시정부는 국토회복 후 만 1개년 내에 국회를 소집함"이라고 하여, 광복 뒤에는 지체하지 않고 국민의 뜻에 따라 국회를 소집하겠다고 선언하였다.

비록 10개 조항에 불과한 임시정부의 임시헌법이지만 근대 민주공화제 헌법의 기본적인 내용은 거의 포함하고 있다. 1919년 봄 이역에 모인 망명 지사들은 이렇게 민주적인 신념으로 우리나라의 국체의 근간을 민주공화제로 만들었다.

임시정부의 지도자들은 '구황실의 예우문제'와 같은 봉건적인 잔재가 없지는 않았으나, 헌법을 민주공화제로 만들고 정부형태는 의원내각제와 대통령중심제의 절충식을 채택하였다. 임시정부는 1919년의 제1차 개헌, 1925년의 제2차 개헌, 1929년 제3차 개헌, 1940년의 제4차 개헌, 1944년의 제5차 개헌 등 전후 다섯 차례에 걸친 개헌 과정에서 민주공화주의의 기본을 유지하였다. 임시정부가 채택한 공화제의 이념은 8·15해방이 될 때까지 지속되고, 대한민국의 헌법정신으로 이어졌다.

임시정부는 1927년 3차 개헌에서 집단지도체제인 국무위원제를 채택하였다. 대통령제의 1인 체제에서 집단지도체제로 바꾼 것은 이승만과 이동휘가 물러나고 지도부의 공백 상태에서 다수 인사들의 참여를 통해 화합의 정부를 만들고자 하는 고뇌의 산물이었다.

임시정부 의정원은 1919년 4월 11일 임시정부 약헌(헌법)을 공포하면서 「정강」도 함께 공포하였다.

정강(政綱)

1. 민족평등·국가평등 및 인류평등의 대의를 선전함.
2. 외국인의 생명재산을 보호함.
3. 일체 정치범을 특사함.
4. 외국에 대한 권리와 의무는 민국정부와 체결하는 조약에 의함.

국내에서 3·1혁명 맞아

5. 절대 독립을 서도(誓圖)함.

6. 임시정부의 법령을 위월(違越)하는 자는 적으로 함.

상하이 임시정부는 최고 수반인 국무총리 선출을 둘러싸고 심한 논란이 일었다. 내정된 국무총리 후보 이승만의 적격성에 대한 논란이었다. 이회영·신채호·박용만 등 무장 독립운동계열 인사들이 '위임통치론'을 제기한 이승만을 거세게 비판하고, 끝내 의정원에서 이승만이 선출되자 이들은 회의장에서 퇴장하기에 이르렀다. 이들은 외세에 의존하여 절대독립을 방해하는 사람이 새 정부의 수반이 될 수 없다는 주장을 강하게 폈다.

이승만은 상하이로 오지 않고 미국에 머물러 있었다. 한성정부와의 관계 때문이었다. 그 사이 3·1혁명 이후 여러 곳에서 수립된 임시정부의 통합운동이 전개되었다. 각 정부가 추대한 정부 수반이나 각료가 상호 중복되어 있고 또 국내외 각지에 떨어져 활동하고 있어 미취임 상태로 있는 경우가 대부분이었다. 따라서 각각의 임시정부는 기능이 공백상태에 빠져들었고 원활한 활동을 하기가 쉽지 않았다. 이와 같은 문제를 해결하기 위하여 단일정부로의 통합이 모색되었다.

초기 임정 안창호가 이끌어

상하이임시정부 국무총리 대리이며 내무총장인 안창호가 1919
년 8월 말 임시의정원 회의에서 한성정부 및 블라디보스토크의 국민
의회정부와의 통합과 정부개편안을 제시하였다. 이에 따라 수차례의
논의 끝에 9월 6일 3개 정부의 통합이 이루어지고, 정부 수반의 호칭
을 대통령으로 하는 새 헌법과 개선된 국무위원 명단이 발표되었다.

통합 임시정부가 정부 수반을 국무총리에서 대통령으로 바꾸게
된 것은 미국에 있는 이승만의 줄기찬 요구 때문이었다. 국무총리로
선출되고서도 부임하지 않고 미국에서 활동해온 이승만은 국무총리
아닌 대통령으로 행세하였다. 그는 대통령 호칭에 강한 집념을 갖고
있었다. 미국식 정치와 문화에 깊숙이 젖어 있어서 미국 정부의 수반
프레지던트란 호칭이 의식에 각인된 것이다.

이승만은 상하이 임시정부 직제에 대통령 직함이 존재하지 않았
고 국무총리 직제인데도 불구하고 굳이 한글로 대통령, 영어로 프레
지던트를 자임한 것이다. 사소한 문제라 여길지 모르지만 그는 헌법
위에 군림하는 오만함을 보였다. 해방 뒤 집권하여 몇 차례나 헌법을
뜯어고치고, 헌법을 무시하면서 멋대로 통치한 것은 따지고 보면 이
때부터 '헌법 위에 군림'하는 태도에서 발원한다.

상하이임시정부는 수립 초기 정부령 제1호와 제2호를 반포하여
내외 동포에게 납세를 전면 거부할 것(제1호)과, 적(일제)의 재판과
행정상의 모든 명령을 거부하라(제2호)는 강력한 포고문을 발령하였

다. 그리고 국내조직으로 연통제와 교통국을 설치한 데 이어 해외에는 거류민단을 조직하여 임시정부의 관리하에 두었다. 연통제는 지방행정조직이고 교통국은 비밀 통신조직이었다. 국내의 무장·사상투쟁을 위하여 전국 각 군에 교통국을 두고 1개 면에 1개의 교통소를 설치하도록 하고, 연통제는 각 도와 각 군에 지방조직을 갖춰나갔다. 그러나 1920년 말부터 일제의 정보망에 걸려 국내의 지방조직이 파괴되고, 3·1혁명의 열기가 점차 사그라지면서 국내의 독립기금 송금과 청년들의 임시정부 참여가 크게 줄어들었다.

상하이임시정부는 이승만 대통령 선임을 둘러싸고 외무총장 박용만과 교통총장 문창범이 취임을 거부한 데 이어 이회영·신채호 등 무장투쟁 주창자들이 상하이를 떠나 북경으로 올라가 버렸다. 엎친 데 덮친 격으로 1920년 국무총리 이동휘가 러시아 정부가 지원한 독립운동 자금을 독자적으로 처리하여 물의를 일으키다가 1921년에 임시정부를 떠났다. 이에 임시정부는 이동녕 → 신규식 → 노백린이 차례로 국무총리 대리를 맡아 정부를 이끌 만큼 불안정한 상태로 운영되었다. 워싱턴에 머물고 있던 이승만은 1920년 12월 5일 상하이에 도착하였다.

임시정부 국무위원들은 이승만이 정부가 수립된 지 1년 반 만에 왔으니 임시 대통령으로서 무슨 방책을 준비해 온 것으로 믿고 기다렸으나, 아무런 방안도 내놓지 못하였다. 이승만에게 기대를 걸었던 임정 요인들은 실망하지 않을 수 없었다. 이승만은 떠나는 이들을 붙잡아 포용하려는 대신 신규식·이동녕·이시영·노백린·손정도 등을 새 국무위원으로 임명하여 위기를 넘기고자 하였다.

당시 만주, 간도, 연해주 등지에서는 민족독립을 위한 무장독립전쟁 단체들이 속속 결성되어 항일투쟁을 벌이고 있었다. 북로군정서, 대한독립군단, 대한광복군, 광복군총영, 의열단, 의군부, 대한신민단, 혈성단, 신대한청년회, 복황단, 창의단, 청년맹호단, 학생광복단. 자위단 등이 결성되고, 특히 1911년 신흥무관학교가 설립되어 강력한 군사훈련을 통해 독립군 간부들을 양성하였다.

만주 각지에서 조직된 무장독립군 세력은 연대하여 봉오동전투(1920년 6월)와 청산리전투(1920년 10월)를 통해 국치 이래 최대의 항일대첩을 이루었다. 이런 상황인데도 상하이 임시정부는 이승만의 독선과 독주로 요인들이 하나둘씩 떠나가고, 실현성이 취약한 '외교독립론'에 빠져 있었다.

이승만의 독선적인 정부 운영과 무대책에 실망한 임시정부 국무위원들과 의정원의원들은 국민대회를 준비하면서 지도체제를 대통령중심제에서 국무위원 중심제 즉 일종의 내각책임제로 바꾸는 개헌 작업을 시도하였다. 이승만이 이에 반대하면서 임정은 더욱 분열상이 가중되고, 이를 이유로 이승만은 1921년 5월 상하이를 떠나고 말았다.

이승만의 1년 반 동안 임시정부의 활동은 이로써 사실상 끝나게 되었다. 하지만 그는 대통령직을 사퇴하지 않고 임시정부를 떠났다. 얼마 후 임시의정원은 이승만을 탄핵하였다.

이런 분란에도 불구하고 임시정부는 일제패망 때까지 27년 동안 항일민족해방투쟁의 본거지로서 독립전쟁을 지휘하였다.

의열단에 가입하고

일제가 가장 두려워한 의열단 창단

국치 이후 우리 독립운동은 여러 가지 유형으로 전개되었다. 그중에서 의열(義烈) 투쟁은 수많은 독립운동 방법 중에서 가장 돋보이는 투쟁노선이었다. 가장 적은 희생으로 가장 많은 효과를 올린 것이 의열투쟁이다. 또 수단과 방법, 시간과 장소, 인물과 기관을 가리지 않고 활용할 수 있는 방략이었다.

의열투쟁은 정규전이 불가능한 상황에서 전개되는 경우가 대부분이다. 한국사의 의열투쟁이 최근 세계 각처에서 나타나고 있는 테러와 다른 것은, 국권회복과 민주화를 요구하는 정의의 실현방법이어서, 자신을 던지는 지극히 도덕적 수단의 목표 축에 있었다는 점이다. 한말 일제 침략세력과 맞서 싸운 민간병(民間兵)을 의병이라 한 것이나, 의열단의 경우, "천하의 정의로운 일을 맹렬히 실행한다"는 공약 제1조에서 제시한 '정의'의 가치에서 잘 설명되고 있다.

일제는 의열단의 존재가 얼마나 공포심을 불러온 대상이었던지 일본 외무대신은 "김원봉 체포 시 즉각 나가사키(長崎) 형무소로 이송할 것이며, 소요경비는 외무성에서 직접 지출할 것" 이라는 요지의 훈령을 상하이 총영사관에 하달하기에 이르렀다.[38] 또한 1920년대 전반기 의열단의 투쟁역량에 대해 조선공산당은 1926년 3월 코민테른에 제출한 보고서에서 "민족혁명전선에서 직접 투쟁하는 단체는 의열단·신민부·통의부밖에 없다"[39]라는 평가도 있었다.

의열단과 관련하여 한 연구자가 밝힌 다음과 같은 사례도 주목되는 내용이다.

의열단의 활동으로 인하여 조선국 내에는 웃지 못할 사건까지 발생하곤 하였다고 합니다. 강도들이 재물을 빼앗으면서 "나는 의열단원인데 군자금으로 가져가니 그리 알아라" 했던 사건이 있는가 하면, 충청도 어디에서는 경찰이 좀도둑을 잡아 경찰서에 데려다 앉혀놨더니 이놈이 글쎄 "나는 의열단이다" 하고 말하지 않았겠습니까. 그러자 순경들이 놀라 도망을 갔다는 얘기까지 당시 신문에 보도되고 있을 정도입니다.[40]

일제 군경과 관리들에게 의열단원은 염라대왕과 같은 존재로 인식되었다. 언제 어디서 의열단원이 불쑥 나타나 폭탄을 던지고 권총을 들이댈지 모르기 때문이다. 두렵기는 친일파와 악질 지주들도 마찬가지였다 .

의열단은 1920, 30년대의 수다한 민족운동 단체들 가운데 임시정부를 제외하고는 그 활동기간이 가장 길었던 단체이기도 하다. 그 기간 동안 의열단은 일제 식민 지배를 전면 거부하는 투쟁을 통하여 시기별로 독특한 운동노선과 행동 모델을 구해냈다. 흔히 '의열투쟁'으로 일컬어진 소집단 폭렬투쟁(爆裂鬪爭, '테러투쟁')을 비롯하여, 정규 군사조직에 의한 무력항쟁, 노동대중 조직화에 기초한 민중총봉기 및 유격전 등을 그때그때 시의적절하게 기획하고 시도했던 것이다. 이와 같은 의열단의 운동행로는 기본적으로 민중혁명 방식의 민족혁명을 지향한 것으로, 전체 민족운동의 발전 경로에도 뚜렷한 행적을 남겼다.[41]

항일순국의 운명공동체 '의열단'

1919년 11월 9일(음 10월 27일) 일단의 조선 청년들이 중국 지린성 파허문(巴虛門) 밖 중국인 농민 반(潘)씨 집에 모였다. 이 집은 자금의 여유가 있었던 이종암이 반씨로부터 세내어 거처 겸 연락처로 사용되고 있었다. 여기서는 가끔 폭탄제조 실험도 하였다. 일종의 비밀 아지트인 셈이다.

반씨 집에 모인 10대 후반에서 20대 중반까지의 조선 청년 10여 명은 밤이 새도록 토론을 거듭하였다. 11월 초순이면 지린 지방은 벌써 눈이 덮이고 강추위가 몰아치는 계절이다. 청년들은 추위 따위는 아랑곳없이 이날 밤 의열단의 활동지침으로 공약 10조를 결정하고, 구축왜노(驅逐倭奴)·광복조국·타파계급·평균지권(平均地權)의 4개 항목을 최고의 이상으로 마련하였다.

의열단의 명칭은 김원봉의 작품이었다. "'정의'의 '의(義)'와 '맹렬'의 '열(烈)'을 취하여, 김원봉은 곧, '의열단'이라 명명한 것이다"[42]

이날 창단식에 참석한 사람은 김원봉을 포함하여 13명이었다. 그런데 기록에 따라서는 참석자 중에는 몇 사람의 차이가 있다. 다음은 김원봉이 제시한 명단이다.

윤세주(尹世胄)·이성우(李成宇)·곽경(郭敬 : 일명 곽재기), 강세우(姜世宇)·이종암(李鍾岩)·한봉근(韓鳳根)·한봉인(韓鳳仁)·김상윤(金相潤)·신철휴(申喆休)·배동선(裵東宣)·서상락(徐相洛) 외 1명[43]

김원봉의 항일투쟁을 연구한 한상도 (건국대) 교수는 '외 1명'을 권준(權晙)으로 기록한다.[44] 이들 중 "이종암·신철후·배동선·한봉인·이성우·강세우·한봉근은 신흥무관학교 출신이고, 곽경은 상하이에서 왔으며, 윤세주·김상윤은 밀양 출신으로 밀양에서 3·1만세 시위를 주동하다 만주로 망명해 와서 합세하였다"[45]

밀양 출신의 윤치형과 황상규도 뜻을 같이하였으나 사정으로 이날 창단식에는 불참한 것으로 알려진다.[46] 또 이수택(李壽澤)·이낙준(李洛俊)도 창립단원으로 거명되며, 김태희(金台熙)·이병철(李炳喆)은 창립 직후 가입한 것으로 판명된다.[47]

창립단원들은 형제의 의를 맺고 '공약 10조'로써 조직기율을 정하였다. 김원봉이 맏형격인 '의백(義伯)'으로 선출되어 단장의 임무를 맡았다. "대표자의 명칭을 '의백'이라 하고 있음은 단원 상호 간의 관계를 반(半) 혈연적 운명공동체 의식으로써 묶인 일종의 형제 결연적 관계로 상정하였음을 말해준다"[48]

초겨울 대륙의 긴 밤이 어느새 밝았다. 새날은 11월 10일, 의열단이 정식 창단되는 날이다. "회의는 밤새도록 계속되고, 그 이튿날 -, 곧 1919년 11월 10일 새벽에 이르러, 후일 왜적들이 오직 그 이름만 들었을 뿐으로 공포하고 전율하던 의열단은, 이에 완전한 결성을 보게 된 것이다"[49]

이날 채택된 '공약 10조'는 다음과 같다.

공약 10조

1. 천하의 정의의 사(事)를 맹렬히 실행하기로 함.
2. 조선의 독립과 세계의 평등을 위하여 신명(身命)을 희생하기로 함.
3. 충의의 기백과 희생의 정신이 확고한 자라야 단원이 됨.
4. 단의(團義)에 선(先)히 하고, 단원의 의(義)에 급히함.
5. 의백(義伯) 일인을 선출하여 단체를 대표함.
6. 하시하지(何時何地 : 어느 때 어느 곳)에서나 매월 일차씩 사정을 보고함.
7. 하시하지에서나 초회(招會)에 필응(必應) 함.
8. 피사(被死) 치 아니하여 단의에 진(盡) 함.
9. 일(一) 이 구 (九) 를 위하여, 구가 일을 위하여 헌신함.
10. 단의에 반배(返背) 한 자를 처살(處殺) 함.

의열단의 창단과 관련하여 '주역'이 김원봉 아닌 황상규라고 주장하는 견해도 있다. 의열단원 이종암의 동생 이종범은, 황상규가 "창단 혈맹을 굳히든 그날 군정서 일 때문에 자리를 같이하지 못했을 뿐 이미 동지들은 황상규를 의백으로 모셨던 것이다. (…)그리고 부단장으로는 이종암(1916년 부산공립상업학교 재학 중 대구은행 취업, 중퇴)이 정해졌던 것이다"[50] 라고 황상규 초대 의백설을 주장한다. 이종범은 이어서 황상규 대신 김원봉으로 굳어지게 된 사유를 다음과 같이 기술한다.

첫 번째 총공격 때에 단장 황상규 이하 모든 동지들이 입국 활동하다가 검속을 당했고 (김원봉만 해외에 남아 있었음) 또 검속을 당한 그분들이 왜경에서부터 왜법정에 이르기까지 한결같이 김원봉을 단장이라고 해 버렸고, 또 김원봉은 그 후에도 계속해서 해외에서 활동했기 때문에 그래서 부지불식간에 김원봉이 자타가 공인한 의백 (단장)이 된 것이다.[51]

이종범은 황상규가 의백이 될 수밖에 없었다는 '배경'에 대해서도 설명한다.

이종암을 중심으로 한 신흥무관학교 출신들이 재학 당시부터 뭉쳐서 움직일 때 은근히 격려도 해주고 의견도 제공해 주던 분이 북로군정서의 총재정권을 장악하고 활약하던 황상규이다. 연령으로 봐서도 거의 10년 위이지만 그동안의 경험으로 보나 열의로 보나 학식으로 보나 으레 의백으로 모시게끔 되어 있었다. 모든 동지들이 형사지(兄事之) 했을 뿐 아니라 황상규 씨 자신도 그렇게 알고 있었다. 더구

의열단에 가입하고

독립유공자 이종암(부산공
립상업학교 1916년 중퇴)
ⓒ 개성고등학교 역사관

나 김원봉에게는 고모부뻘이라는 관계도 있을
뿐 아니라 사실상 그때 김원봉은 너무 어렸다.[52]

황상규가 의열단 창단에 참석하지 않는 것
은 '군정서 일' 때문이라고는 하지만, 여전히 석
연치 않는 부문이다. 전문연구자들은 이종범의
주장과는 다르다. "의열단의 창단은 김원봉이 '
발의'하고 '주도'하여 이루어진 것으로 믿어 의
심치 않는다. 명시적으로 그랬다고 기술된 곳은 없으나, 『약산과 의
열단』의 전반적인 서술 기조나 정황 묘사가 마치 그랬던 것처럼 보
이게끔 되어 있고, 그래서 논자들도 으레 그랬으려니 하고 믿는 소
치이겠다"[53]

물론 이 연구자도 "김원봉이 창단(준비) 과정의 '주역'이었음은 부인
할 수 없는 사실로 보인다. 그러나 그가 창단의 최초 '발의자'였다는 명
백한 증거는 별달리 찾아지지 않는다."는 것이다. 바꿔 얘기하면 창단
의 최초 발의자나 추진자는 다른 인물(들)이었을 가능성도 얼마든
지 있다는 것[54] 이다. 그러면서 황상규를 주목하지만, 결론은 김원봉
쪽에 무게를 두고 있다.

김원봉이 창단의 '주역'이었음은 일본 경찰의 각종 자료에도 드러
나고 있다. 황상규는 유능한 처조카에게 의열단의 책임을 맡기고 자
신은 다른 역할을 하고자 했을 것 같다.

의열단이 창단될 때 성문화된 단의 강령 같은 것은 달리 없었다.

1923년 단재 신채호의 손으로 「조선혁명선언」(의열단 선언)이 쓰일 때까지 일제와 친일파를 몰아내고, 조국을 광복하여, 계급을 타파하며, 토지소유를 평등하게 한다는 4대 목표를 최대의 이상으로 삼았다. '평균지권'은 의열단의 진보적인 성향을 보여주는 대목이다. "이 조항은 지주소작 관계가 더욱 강화되어 가고 있던 조선 국내 사정을 두고 볼 때 대단히 진보적인 것이었다. 요컨대 의열단은 단순한 독립만이 아니라 사회개혁을 지향했으며 대한광복회의 진보적 노선을 한층 더 발전시켰다고 할 수 있다"[55] 라는 평가를 받고 있다.

의열단의 목표와 사명

다음은 의열단이 채택하여 적의 간담을 서늘하게 한 공포의 "마땅히 죽여야 할 대상" 즉 '7가살(七可殺)'이다.

7가살

(1) 조선 총독 이하 고관

(2) 군부 수뇌

(3) 대만 총독

(4) 매국적

의열단에 가입하고

(5) 친일파 거두

(6) 적의 밀정

(7) 반민족적 토호열신(土豪劣紳 : 악덕 지방유지).

의열단은 '7가살'과 함께 5가지의 '파괴대상'도 선정하였다.

파괴대상

(1) 조선총독부

(2) 동양척식회사.

(3) 매일신보사

(4) 각 경찰서

(5) 기타 외적 중요기관

　의열단은 '7가살'과 '5파괴'를 명시적으로 규정하였다. 처단대상을 명확히 함으로써 활동목표를 적시한 것이다. 총독 정치의 우두머리와 하수인 그리고 민족반역자 모두를 세분화해서 구체적으로 '마땅히 죽여야 할 대상'으로 지목하였다. 또 파괴해야 할 핵심기관으로, 통치기관은 조선총독부, 수탈기관으로는 동양척식회사, 선전기관은 매일신보사, 폭압기구는 각 경찰서와 기타 중요기관을 적시하였다. 이는 의열단이 어느 독립운동단체보다 격렬하게 일제와 싸우고자 하는 결의, 치열함과 조선 민중의 소망을 담아 보여주는 것이라 하겠다.

암살대상에 대만(타이완) 총독이 포함된 것은, 타이완은 청·일 전쟁에서 청나라가 패하여 일본의 식민지로 전락, 우리나라처럼 일제의 압제 아래 처하여 있었기 때문이다. 동병상련의 처지에서 타이완 총독을 처단함으로써 중국과 항일연대를 이루고자 했던 것이다.

님 웨일즈가 본 의열단

의열단이 창단되고 단원들은 맹렬한 훈련과 활동을 개시하였다. 단원들은 모두 다 일당백(一當百)의 능력 있는 청년들이다. 조국해방에 신명을 바치기로 다짐한 그들이었기에 모두 고된 훈련에 열중하였다. 사격장에 가서 권총 사격 연습을 하고, 폭탄 제조 실험에 주력하였다. 반면에 생명을 건 단원들로서는 찾아보기 어려울 만큼 의연하고 당당한 모습을 보여 주었다.

의열단 단원들은 마치 특별한 신도들처럼 생활했으며, 수영, 테니스 등 운동을 통해 항상 최상의 컨디션을 유지하고, 자신들의 특별한 임무를 수행할 수 있는 심리 상태를 위해 오락도 즐겼다.

명랑함과 심각함이 기묘하게 혼합된 그들의 모습은 언제나 죽음을 눈앞에 두고 살아가는 인생이기에, 생명이 지속되는 한 마음껏 생활하려는 것이었다.[56]

의열단 단원들은 일종의 결사대 대원들이었다. 적진에 들어가 적

의열단에 가입하고

을 죽이거나 기관을 파괴하고 장렬하게 전사하는 것이 맡은 소임이었다. 천우신조로 살아날 수 있으면 다행이지만, 그렇지 못한 경우가 대부분이었다. 그래서 활동이나 행동거지 하나하나가 무척 조심스럽고, 어느 측면에서는 청교도적인 순결한 모습을 보여주었다.

그들은 놀라울 정도로 멋진 친구들이었다. 의열단원들은 언제나 멋진 스포츠형의 양복을 입었고, 머리를 잘 손질했으며, 어떤 경우에도 결벽할 정도로 아주 깨끗하게 차려입었다.[57]

그들은 거의 종교적인 열광으로 테러 활동을 숭상했다. 죽음을 두려워하지 않는 정예 용사들로서 오직 모험적인 행동만이 능히 일제의 식민지적 통치를 뒤엎을 수 있다고 굳게 믿었고, 망국의 치욕을 자기들의 피로써 능히 씻을 수 있다고 믿었다. 하여, 그들은 일제의 요인을 암살하고 특무와 반역자들을 처단하는 것을 그들의 주요한 행동강령으로 삼았으며, 가슴속에서 불타던 적개심은 그들에게 환락과 아울러 비극을 가져다주었다.[58]

김원봉의 활동은 더욱 바빠지고 활동영역도 훨씬 넓어졌다. 지린에 임시 본부를 두고, 베이징·톈진·난징·홍콩을 왕래하면서 단원 모집과 폭탄입수에 주력하였다. 뜨거운 정열의 소유자인 김원봉은 젊은이들을 감화시키는 비상한 능력을 갖추고 있었다. 그와 한번 만나 대화를 나누면 조국을 위해 몸을 던지는 의열단원이 되는 경우가 적지 않았다.

김원봉은 만나는 조선 청년들에게 "자유는 우리의 힘과 피로 얻어지는 것이지, 결코 남의 힘으로 얻어지는 것이 아니다. 조선 민중은 능히 적과 싸워 이길 힘이 있다. 그러므로 우리가 선구자가 되어 민중을 각성시켜야 한다"고 설득하였다. 그의 온몸에서 우러나오는 충정에 청년들은 감화하여 단원이 되고 죽음도 마다하지 않았다.

보기에는 우유부단한 것 같으나, 성질이 극히 사납고 또 치밀하여 김원봉의 말(시국담)에 감복되어 의열투쟁을 벌이게 된 김익상(金益相) 의사 관련의 자료가 있다. "오랫동안 초조히 불안한 중에 내탐(內探)하고 있던 총독부에 폭탄을 던진 범인이 곧 그 사람이었다는 것을 경성부근 공덕리 소생으로 어려서 삼호보성학교에 다니다가 빈궁으로 뜻을 이루지 못하고 교북동 송광순 씨의 경영인 연초회사 광성상회의 고용으로 들어가 봉천지점 기관사로 간 것이 해외 웅비의 제1보였다 한다. 비행학교를 목적하고 광동으로 달려갔으나 남북전쟁으로 비행학교가 폐쇄되어 상하이를 거쳐 북경에서 의열단장 김원봉의 시국담을 듣고 그 부하가 되어 조선 ○○운동에 전력할 뜻을 품고 폭탄 2개를 몸에 가지고 일본 목수의 행색으로 국경을 넘어 경성에 들어와서 그와 같은 일을 저질렀던 것이다"[59]

"보기에는 우유부단한 것 같으나, 성질이 극히 사납고 또 치밀하여 오안부적의 기백을 가지고, 행동도 또한 극히 경묘하여 신출귀몰한 특기를 가졌다" 라는 것이 일본 정보기관의 분석이었다. 이에 반해 "김약산은 확실히 구별되는 두 개의 개성을 지니고 있었다. 그는 자기 친구들에게는 지극히 점잖고 친절하였지만, 또한 지독히 잔인할 수도 있었다"는 것이 김산(金山)의 평가이다.[60]

일제 경찰과 정보기관이 좋은 시각으로 볼 수 없었을 터인데도, '오안부적의 기백', '신출귀몰한 특기' 등의 기록에서 김원봉의 면모를 찾을 수 있겠다.

부하를 위해 재산을 능히 바치고도 아까워하지 않으며, 때로 부하가 궁핍을 들으면, 자기가 입은 옷마저 저당 잡히는 의백의 도량이야말로 냉정하고 두려움을 모르는 개인적인 면모와 더불어 카리스마로 의열단을 이끈 그의 모습이 떠오른다.[61]

의열단 참여 조국광복에 투신

중국 망명, 의열단에 입단하고

박재혁은 국내에서 3·1혁명을 겪고 상하이에 대한민국임시정부가 수립되었다는 소식을 들었다. 의기가 충천하여 독립운동에 전념하고자 망명을 결심하였다. 어머니에게 전후 사정을 설명 드리고 동생 명진에게 어머니를 잘 모시도록 가정사를 맡겼다. 최천택 등 친구들에게도 "이제 조국 해방을 위해 모든 것을 바치겠다"는 결심을 밝히면서 기약 없는 재회를 약속하고 떠났다.

1920년 봄 박재혁이 망명할 때 베이징이나 상하이에서 김원봉과 만나기로 비밀 연락이 되었을지 모른다. 김원봉이 중국 길림에서 의열단을 창단하고 상하이로 내려와 있을 때 박재혁이 의열단에 가입한 정황으로 보아 이런 추론이 가능하다.

박재혁은 그동안 상하이와 홍콩·싱가포르를 오가면서 활동하였으나, 어디까지나 사업이 주목적이었다. 그런데 이제 어머니와 여동생 그리고 오랜 친구들을 떠나 중국으로 간 것은 사업보다 독립운동에 뛰어들기 위한 망명길이었다.

박재혁이 상하이에 도착했을 즈음 의열단은 베이징을 거쳐 상하이에 본부를 두고 모종의 의거를 준비하고 있었다. 이해 3월 박재혁이 싱가포르에 머물 때 김원봉의 연락을 받고 상하이로 왔다. 의열단에 가입하라는 제의였다. 처음에는 가정 사정을 들어 거절했다. 하지만 자신이 망명한 이유를 깨닫고 4월에 의열단에 가입하였다. 그리고 소정의 훈련을 받은 후 김원봉과 더불어 국내 정세를 논의하고 기회를 노렸다. 그리고 싱가포르로 건너가 하던 사업을 마무리하였다. 일제 정보망을 피하기에는 상업처럼 안전한 것도 쉽지 않았다.

의열단은 일제의 잔혹한 학살과 탄압으로 국내에서 3·1혁명의 열기가 시들어 가는 것을 안타까워하면서 모종의 거사를 준비하고 있었다. 이때까지만 해도 일제의 정보망은 아직 의열단의 실체를 정확히 꿰뚫고 있지 못하였다. 아직 이렇다 할 활동이 없었기 때문이다.

의열단의 폭렬투쟁 계획을 김원봉으로부터 자세한 설명을 들은 박재혁은 망설이지 않고 의열투쟁에 나서기로 하였다. 그리고 조국 광복에 한 몸을 바칠 것을 다짐하고 약조하였다. 의열단이 폭렬투쟁을 준비한 데는 그럴만한 까닭이 있었다. 조지훈은 이를 네 가지로 분석한 바 있다.

첫째, 일제의 간담을 서늘케 하여 민족의 의기를 보이고,
둘째, 민족의식을 경각시키며,
셋째, 일본의 통치에 불복함을 세계에 밝히고,
넷째, 투쟁의 강화로 일제의 식민통치를 불가능하게 할 것, 즉 그들이 식민통치를 포기하게 하려는 것이었다.[62]

박재혁이 김원봉을 만났을 때 의열단은 상하이에서 무기구매와 폭탄제조를 준비하고 있었다. 의열단이나 독립운동가들이 가장 어려웠던 일은 무기의 구입이었다. '7가살'과 5가지를 '파괴'하기 위해서는 무기와 폭탄이 있어야 했다.

의열단 가입 조국광복에 투신

김원봉은 의열단 창단에 앞서 몇몇 단원들과 1919년 6월경에 길림에서 상하이로 내려와 폭탄제조법 및 사용법을 학습하였다. 신흥무관학교에서도 중국인 폭탄제조기술자 주황(周況)을 초빙하여 폭탄제조법과 사용법을 가르쳤다. 이 같은 연고로 하여 김원봉과 의열단 간부들은 거사를 위해 폭탄과 무기 구매에 공역을 드렸다. 어느 정도 루트를 알고 있었다. 그런데 정작 자금이 문제였다.

활동비와 거사 자금은 몇몇 단원의 기부(이종암·윤치형 등)나 다른 운동조직(고려공산당 등)으로부터의 지원에 의해 조달된 사례가 확인될 뿐, 그 이상의 자금원은 잘 파악되지 않는다. 국내 부호의 집을 찾아가 기부를 요구한 적도 있으나 징수 실적은 미미했던 것으로 보이며, 갈수록 자금난에 부딪혀 거사 계획을 포기하거나 거사 규모를 축소해야 하는 경우가 많아졌다. 일제 관헌 당국조차도 의열단은 "다른 운동단체들과 달리 인민의 금전을 강취한 사실이 없고 추호도 인민에게 미혹을 끼친 사실이 없음"을 인정하고….[63]

의열단, 총독부폭파 시도 등 실패

이와 같은 어려움 속에서도 의열단은 엄청난 거사를 준비하였다. 창단 후 첫 의거의 대상은 조선총독부와 경제적 약탈기관인 동양척식주식회사, 조선은행, 총독부의 선전기관 〈매일신보〉 등이었다. 1910년 8월 29일 한국을 병탄한 일제는 종래의 통감부를 폐지하고 보다 강력한 통치기관으로 조선총독부를 설치 운영하였다.

초대 총독은 조선 통감으로서 병탄을 성사시키는 데 앞장선 육군대장 데라우치 마사다케를 임명하였다. 조선총독부는 일왕의 직속기관으로 조선의 통치권을 휘두르는 사실상 점령군사령부 격이었다.

총독부는 병탄 직후 데라우치 총독 암살미수사건을 날조하여 민족지도자급 인사 600여 명을 검거한 것을 시발로 각종 악법을 제정하여 폭압 통치를 자행하면서 1910년부터 1918년까지 토지조사사업을 내세워 농민들의 토지를 빼앗은 것을 필두로 온갖 탄압과 수탈을 일삼아 한국인의 원부가 되고 독립운동가들로부터 일차적인 파괴대상이 되었다.

1916년 10월에 데라우치가 물러가고 하세가와 요시미치 전 통감부 한국주차군사령관이 2대 조선 총독으로 부임하여 무단통치를 자행하다가 1919년 3·1혁명 후 물러나고, 3대 총독으로 역시 군인 출신인 사이토 마코토가 부임하여 가혹한 식민통치를 자행하고 있었다. 의열단이 가장 먼저 조선총독부 폭파를 결정하게 된 배경이다.

일제는 한국(인)의 경제를 독점·착취하기 위해 1908년 서울에 동양척식주식회사(동척)를 설립했다. 한국의 산업자본을 키우고 개발한다는 명분을 내세웠다. 동척은 일본의 제국의회에서 관련법을 통과시킨 후 서울에 본점을 두고 1천만 원의 자본금으로 발족한 회사로서 주로 한국인의 토지매수에 힘을 기울여 1913년까지 4만 7천여 정

의열단 가입 조국광복에 투신

보의 토지를 매입한 데 이어 1914년에는 농공(農工) 은행에서 거액을 융자받아 전라도와 황해도의 비옥한 논밭을 헐값에 매수하였다. 문중의 땅이나 국유지 등도 여러 가지 이유를 들어 거의 공짜로 빼앗다시피 차지하였다.

이렇게 강점한 토지는 농민들에게 소작을 주어 6할이 넘는 고율의 소작료를 받아내는 한편 춘궁기에 빌려준 곡물에 대해서도 3할 이상의 고리로 추수 때 거두어들여 일본으로 반출해갔다. 이 같은 착취는 전통적으로 유지되어온 한국의 농촌사회가 악덕 지주와 소작인 관계로 대체되고 동척은 한국 농민의 원부가 되었다. 조선은행의 패악도 동척과 크게 다르지 않았다.

조선총독부는 기관지로 〈매일신보〉를 발행하였다. 1904년 영국인 배설이 창간하고 박은식·신채호가 주필을 맡아 항일민족지 역할을 한 〈대한매일신보〉를 병탄과 함께 탈취하여 '대한'의 제호를 빼고 〈매일신보〉로 게재하여 일제의 한국통치를 합리화하고 이른바 내선일체를 주장하는 등 민족정신을 말살하는 데 앞장섰다.

이 신문은 일제 패망 때까지 총독부의 홍보 선전을 대변하는 기관지 노릇을 하였다. '언론'이라 이름하기도 어려운 이 신문은 △ 일본인과 조선인이 동인종이라는 것. △ 조선은 본래 독립한 역사가 없는 족속이라는 것, △ 조선인은 독립국가로 존속할 능력이 없다는 것, △ 그래서 일본의 점령지배정책이 합당하는 것 등을 들어 일제의 식민통치를 합리화하고, 친일매국노들의 주장을 실었다. 조선민족의 원한이 맺힌 신문이었다.

의열단의 특장은 즉각 행동에 있었다. 공리공론이 아니라 계획을 세우면 곧 실천에 옮겼다. 1920년 3월 조선 총독 등 적의 고관과 중요 관공서를 파괴하기로 결정하였다. 하지만 일제의 정보(첩보)망은 치밀했다. 의열단원 곽재기가 3월 중순에 만주 안동현에서 밀양의 김병완에게 보낸 폭탄이 일제경찰에 탐지되어 폭탄 3개를 비롯해 관계자 12명이 검거되었다. 곽재기 등은 용케 피신하였다.

다시 5월 중순경에는 의열단원 이성우가 중국에서 폭탄 13개와 권총 2정을 구입하여 만주 안동현에서 한국 독립운동의 아지트 역할을 해온 이륭양행(怡隆洋行)을 통하여 경남 진영의 강석원에게 보낸 것이 일경에 압수되고 관계자 윤치형을 비롯 6명이 검거되었다.

의열단이 창단 후 의욕적으로 추진했던 첫 번째 거사는 여러 경로를 통한 폭탄과 무기 수송과정에서 일제 경찰에 정보가 탐지됨으로써 실행하기도 전에 미수에 그치고 말았다. 그리고 단원들과 관계자들이 검거돼 혹독한 고문과 옥고를 치르고, 어렵게 구입한 폭탄과 무기가 모두 압류되었다.

김원봉과 만나 부산경찰서장 처단키로

의열단의 첫 거사가 좌절되고 다수의 단원들이 피체되면서 김원봉과 상하이의 단원들은 큰 충격에 빠졌다. 적의 소굴을 파괴하여 한

의열단 가입 조국광복에 투신

민족의 원한을 갚고 민중을 분기시키고자 했던 시도가 수포로 돌아가고 말았다. 무엇보다 소중한 단원들이 혹독한 고문과 생명을 잃게 될지 모른다는 점에서 반드시 보복을 하기로 결정하였다.

이번 거사에 나섰다가 피체된 단원들은 대부분 부산경찰서에 수감되고, 경찰서장 하시모토는 악질 중의 악질로 소문이 난 인물이다. 어렵게 구입했던 폭탄 등 무기도 모두 그들에게 압수되었다.

싱가포르에서 회사 일을 마무리하고 있던 박재혁은 8월 어느 날 김원봉으로부터 급히 상하이에서 만나자는 전보를 받았다. 의열단의 공약 10조 7항에 "어느 때 어느 곳에서나 초회(招會)에 필응한다"는 내용이 들어 있다. 하루라도 지체할 수 없었다.

상하이에 온 박재혁은 김원봉에게서 저간의 사정을 들었다. 그리고 자신의 사명이 무엇인지를 곧 알았다. 부산 출신으로 그쪽 사정을 잘 알고 있을 것이어서 자신이 선택되었을 것도 알고 있었다. 이미 망명길에 오르면서 한목숨을 조국광복에 바치기로 맹세했고, 의열단에 입단했을 때 김원봉과도 약조했었다.

자신의 가슴에는 언제나 의열단의 '7가살'과 5가지 '파괴대상'이 응어리처럼 새겨져 있었다. 마침내 기다리던 기회가 온 것이다. 부산에 있을 때부터 하시모토 경찰서장의 포악함은 익히 들었던 터였다. 그는 3·1혁명 때에도 수많은 시민들을 고문한 당사자였다.

"지금 곧 부산으로 가서 부산경찰서장을 죽이고 오시오."

김원봉의 부산경찰서장에 대한 참을 수 없는 분노와 증오는 그냥 서장을 죽이는 것만으로 만족할 수 없었다. 김원봉은 한 마디를 덧붙였다.

"죽이되 그냥 죽일 것이 아니라 누구 손에 누구에 의해 무슨 까닭으로 죽지 않으면 안 되는가를 깨닫도록 단단히 그의 죄를 밝히도록 합시다."

그러나 훗날 김원봉은 자기가 한 이 한마디가 혹 살아 돌아올 수도 있었을 동지를 현장에서 죽게 했노라고, 8·15 후 고국에 돌아온 후에도 이 이야기가 나올 때마다 슬픔에 잠기곤 했다.[64]

박재혁은 김원봉으로부터 폭탄 1개, 군자금 300원, 여비 50원을 수령하고, 1920년 9월 초 상하이를 떠나 일본을 거쳐 9월 6일 부산에 도착하였다. 폭탄은 러시아제 신식이었고, 크기는 직경 2촌(寸), 높이 4촌(寸), 주철로 만들어진 발화식 원통형이었다. 하시모토를 처단한다는 일차적인 목표와, 의열단의 첫 거사가 좌절됨으로써, 이번에는 반드시 성공하여 의열단의 위용을 보여줘야 하겠다는 무거운 사명을 안은 대장정이었다.

박재혁은 떠나기에 앞서 하시모토가 중국 고서를 유독 좋아한다는 정보를 입수하고 상하이 서점을 돌아 상당량의 중국 고서를 구입하였다. "1920년 9월 초 그는 중대한 사명을 띠고 상하이를 떠나기에 앞서 부산 경찰서장 하시모토가 고서를 좋아한다는 정보를 얻어 고

서적상으로 가장하기 위해 고서를 한 짐이나 되게 준비하는 것을 잊지 않았다"[65]

박재혁은 대범하면서도 대단히 치밀한 성격이었다. 편리한 선편을 택하지 않고 우회로를 통해 입국한다.

그는 일본 기선을 타고 황해를 건너 나가사키(長崎)로 갔다. 그의 본래 계획은 나가사키에서 다시 시모노세키(下關)로 가서 그곳에서 연락선을 타고 부산으로 갈 예정이었다. 그러나 나가사키에 상륙해서 알아보았더니 시모노세키까지 가지 않고도 나가사키에서 대마도를 거쳐 곧장 부산으로 갈 수 있는 배편이 있었다. 관부연락선은 탈 때나 내릴 때나 일제의 형사들이 조선 사람을 감시하고 있었으므로 위험하였다. 그러나 대마도를 거쳐 가는 배는 그런 위험성이 적을 것 같았다. 그는 상하이에 있는 동지에게 그런 뜻의 편지를 보내고 나가사키를 떠났다. 그가 무사히 부산에 상륙한 것은 9월 6일 저녁이었다.[66]

박재혁이 나가사키를 떠나기 직전 상하이에 있는 동지들에게 보낸 봉함엽서에는 다음과 같이 기록되어 있었다.

작일안착장기(昨日安着長崎), 상황심여의(商況甚如意), 차제군혜념지택의(此諸君惠念之澤矣), 추초량풍(秋初凉風), 심신쾌활(心身快活), 가기허다수익(可期許多收益), 불가기재견군안(不可期再見君顏),

별유상로비전익호(別有商路比前益好), 연구칙가지야(研究則可知也). 열락선타지말고(熱落仙他地末古), 대마도서간다(大馬渡徐看多).

어제 나가사키에 무사히 도착했습니다. 거래가 뜻대로 잘되니 이것이 모두 여러분의 염려 덕택인가 합니다. 초가을 바닷가 바람에 심신이 쾌락합니다. 많은 이득을 거둘 수 있을 것 같습니다만 당신 모습을 다시 볼 수는 없을 것 같습니다.

1920년 9월 4일 와담(臥膽) 배(拜)

글 속에 '상황(商況)'이니 '상로(商路)'이니 '수익(收益)'이니 한 것은 물론 그 편지가 왜적의 검열을 받을 경우에도 평범한 상인의 편지처럼 믿도록 하기 위한 일종의 암호라는 것은 이해하기 어렵지 않으나 편지 끝에 덧붙여 적어놓은 14자의 문구는 약간의 설명이 필요할 것 같다.

물론 이것은 암호였다. 그러나 이 암호는 결코 풀기 어려운 암호가 아니다. "연락선을 타지 않고 대마도로 해서 간다"라고 읽으면 된다.

그러나 "가기허다수익(可期許多收益)이나 불가기재견군안(不可期再見君顔 : 많은 이득을 얻을 수 있을 것 같습니다만 당신 모습을 다시 볼 수는 없을 것 같다)"이라는 글은 살인즉 얼마나 비통한 말인가? 그러나 비통하게 느끼는 것은 글을 읽는 우리들이고 장작 당사자는 오로지 민족을 위한 자기 사명을 다하는 데만 골몰하고 있었다.[67]

　　　　　　　　　　　　　　의열단 가입 조국광복에 투신

'하시모토 처단' 운명의 날에

박재혁은 9월 6일 무사히 고향 부산에 도착하였다. 몇 차례 검문
이 있었지만 그때마다 중국인 고서적상으로 행세하며 검문을 넘을
수 있었다. 어눌하지만 그동안 배워 둔 중국말과 중국 고서를 통해
사냥개 같은 일인 헌병경찰의 눈을 피하게 되었다.

부산에 도착한 박재혁은 오택 집을 방문했다. 행장이라고는 중형
가방 한 개뿐이었다. 일단 수년간 못 본 노모에게 인사하고 저녁에
만나기로 했다. 즉시 일어나면서 가방에서 손수건에 싼 소포(小包)
하나를 꺼내어 천장 속에 숨겨두라고 신신당부를 했다. 오택은 수상
해서 무어냐고 물으니 저녁에 얘기하겠다고 했다. 그날 저녁 박재혁
집에서 밤이 깊도록 귀국 목적에 관해 얘기했다. 박재혁은 총독부를
폭파하여 성과를 세계적으로 알리기 위해 폭탄을 가지고 상경할 것
이라 했다.[68]

박재혁의 목표는 하시모토의 처단이었다. 그런데 동지 오택에게
는 '총독부 폭파용'이라 말하였다. 하시모토 처단 후 총독부도 폭파할
계획이었던 것 같다.

고향집에서 어머니와 동생 명진을 만났다. 아버지의 산소도 다녀
왔다. 이승에서는 마지막 길이 될 가족에게는 자신이 벌일 일을 말할

수 없었다. 의열사들은 가족보다 조국의 안위가 우선이었다.

저녁에는 최천택과 인적이 드문 용두산 언덕에서 만났다. (다른 자료에는 의열단원 이종암도 함께하였다) 내일의 거사를 말해주고 함께 사진을 찍었다.

늦은 시각에 집으로 돌아오면서 박재혁은 많은 생각에 발길이 무거웠다. 내일이면 어머니와 동생, 정든 고향, 절친했던 친구들, 그리고 이 세상과도 모두 헤어져야 한다니 조금은 두렵고 마음이 서러웠다. 누가 시킨 일이 아니었다. 스스로 택한 길이고, 지금이라도 거사를 중단하고 평범한 이웃들처럼 일상으로 돌아가면 그만이었다.

돌이켜보면 자기보다 더 많이 배우고 사회의 지도층에 있던 사람들도 나라가 망하자 총독정치에 참여하거나 온갖 기득권을 유지하면서 여전히 지도자 노릇을 하고 있었다. 이들은 세상 변하는 대로 따라 변하면서 삶을 즐겼다.

하시모토 경찰서장만 해도 그랬다. 자신이나 자신의 가족과는 터럭 하나라도 원수진 일이 없었다. 따라서 자신이 꼭 그자를 죽일 이유는 없었다. "남들은 다 침묵하는 데 내가 희생양이 되어야 하는가…" 박재혁은 새벽까지 잠을 이루지 못한 채 온갖 생각과 상념에 몸을 뒤틀었다.

이토 히로부미를 처단한 안중근 의사가 생각나고, 미국에서 친일파 미국인 스티븐스를 처단한 장인환·전명운 의사가 떠올랐다. 조선총독부와 동양척식회사 등을 폭파하려다가 피체돼 부산경찰서에서 온갖 고문을 당하고 있을 의열단원 동지들이 생각났다. 그리고 을사늑약으로부터 국치조약으로 나라를 판 매국적과 이에 저항하여 목숨을 버린 순국지사들의 영상이 파노라마처럼 전개되었다.

박재혁은 어느 순간 약해지려 했던 마음을 다잡고 결의를 다졌다. 경찰서는 위치를 잘 알고 있어서 머뭇거릴 이유가 없었다.

의열단이 폭렬투쟁을 택한 데는 이유가 있었다. 막강한 적을 상대하기 위해서는 단신이나 소수의 인력으로 대결하는 것 외에 달리 방법이 없었다. 당시 일제는 조선에 막강한 병력을 주둔시키고 있었다.

일본 정규군 2만 3천여 명, 일제 헌병경찰 1만 3천 3백 80명, 조선총독부 관리 2만 1천 3백 12명, 34만 명의 일본인 이주민 중 무장일본 이주민 2만 3천 3백 84명 등 약 8만 1천 76명이 무장을 하고 있었다. 심지어 (국민학교) 초등학교 교사들도 긴 칼을 차고 수업을 하였다.

반면에 한국은 일제가 1907년 9월 3일 이른바 '총포 및 화약류 단속법'을 공포하여 한국인의 총기 소지를 금지시켜서, 맹수가 나타나도 이를 퇴치할 총기 하나도 없는 처지였다. 이 같은 상태에서 의병이나 군사적 대응이 원천적으로 봉쇄되고 실제적으로 불가능하였다. 이는 자신의 몸을 던져 적을 죽이거나 적의 기관을 폭파시키는 폭렬투쟁의 불가피성을 말해준다.

근래 세계 각지에서 발생하는 테러행위와 우리의 폭렬투쟁은 격과 결이 다르다. 각지에서 나타난 각종 테러는 무차별적 살상행위이지만 우리나라 독립운동 과정에서 벌어진 폭렬투쟁은 국권을 강탈하고 인명을 살상한 일제에 대한 독립전쟁의 일환이었다. 군사력과 무력이 취약한 상태에서 취할 수밖에 없는 의거행위다.

우리는 한말 이래 국권이 유린당하고 나라가 병탄 되면서 순국 의열투쟁이 줄기차게 전개되었다. 박재혁 의사도 그 중심인물이다.

외교권의 침탈에 저항한 이한응·조병세의 순국,

을사늑약에 저항한 민영환의 순국,

오적 처단에 나섰던 나인영·오기호 등의 순국,

을사늑약 소식 듣고 음독한 황현의 순국

헤이그 특사 이준의 순국.

스티븐스를 총살한 장인환·전명운 의거,

국적 이토를 처단한 안중근의 순국,

이완용을 저격한 이재명 의거,

사이또 총독을 투탄한 강우규 순국,

민원식을 처단한 양근환 의거,

조선은행 대구지점에 투탄한 장진홍 의거,

밀양경찰서에 투탄한 최수봉 의거,

조선총독부에 투탄한 김익상 의거,

상하이 황포탄 사건의 주역 김익상·오성륜·이종암 의거

종로경찰서에 투탄한 김상옥 의거,

일본 왕궁 시주우바시에 투탄한 김지섭 의거,

식산은행 및 동척에 투탄한 나석주 의거,

일왕 저격에 나섰던 이봉창 의거,

홍구공원 투탄의 윤봉길 의거.

우리 애국지사들은 국권회복을 위하여 개인적으로 또는 조직의 일원으로 일제와 싸웠고, 세 불리하고 역부족하면 자신의 몸을 던졌다. 앞에서 열거한 것은 대표적인 사례일 뿐이다. 수많은 선열들이 일부는 이름이라도 남기고, 더러는 성명 석 자도 남기지 않은 채 항일구국전선에서 유명을 달리하였다. 박재혁은 적괴의 한 명에게 투탄한, 대표적인 폭렬투쟁의 성공한 사례에 드는 경우이다.

의열투쟁은 '자유케 하는 폭력'

알제리아 전쟁이 한참 계속되고 있을 때, 신학교수 카잘리스 (casalis)는 "폭력에는 자유케 하는 폭력과 속박하는 폭력이 있다"고 선언했다. 이 선언은 많은 지성인들(뒤베르제, 도메나 등)의 입장을 총결산하는 것이라고 생각할 수 있다. 예를 들어본다면, 알제리아 전쟁 동안 민족해방전선은 프랑스로부터 식민지 해방운동으로 인민을 해방시키는 수단으로서 폭력을 사용하였다. 그래서 일반적인 폭력 행위는 정죄 되어야 하는 것이지만, 이 특수한 폭력은 묵인되어야 옳다는 주장이다.

안중근 의사와 박재혁 의사 등은 한국과 동양전체의 평화와 인민을 해방시키고 자유케 하기 위해 자신들의 몸을 던져 침략세력의 상징인물이나 기관을 폭파하고 처단하는 '폭력'을 행사했다. 이를 두고 국내의 일부나 일본에서 암살자·테러리스트 운운하는 것은 폭력에 대한 인식의 부족에서 기인한 것이다.

이토 히로부미가 한국을 침략하고 이어서 대륙침략을 시도하면서 "극동평화를 위해서"라는 뚱딴지같은 명분을 내걸었는데, 이는 '속박하는 폭력'이고, 안중근이 이토를 처단한 것이나 박재혁이 하시모토를 처단하고자 나선 것은 '자유케 하는 폭력'이었다. 같은 물을 마시고도 소는 우유를 만들고 뱀은 독을 만든다.

신라의 대표적 지식인이며 불승이었던 원효(元曉) 대사는 '일살십활론(一殺十活論)'을 제시하였다. 대사가 어느 날 길을 가는데 큰 독사 한 마리가 까치 새끼 10마리를 집어삼키려는 순간이었다. 대사는 거침없이 지팡이로 독사를 내리쳤다. 동행하던 제자가 '불살생(不殺生)'의 계율을 물으니, "한 마리 독사를 죽임으로써 10마리의 죄 없는 까치 새끼를 살리는 것이 참 불법의 가르침"이라 답하였다.

독일 나치 시대에 기독교 목사 디트로히 본 회퍼는 독일과 유럽, 나아가서 세계의 평화를 짓밟고 살육을 일삼는 아돌프 히틀러의 제거에 나섰다가 나치독일의 국가비밀경찰(Gestapo)에 체포되어 교수형에 처해지게 되었다. "당신은 크리스천이고 목사이면서 어떻게 그런 음모에 가담할 수 있었습니까?" 라고 묻는 사람에게 그는 조금도 주저 없이 다음과 같이 말하였다.

만일 어떤 미친 사람이 자동차를 몰고 사람이 걸어 다니는 보도 위로 달리기 시작했다면, 나는 목사로서 그 자동차에 희생된 사람의 장

　　　　　　　　의열단 가입 조국광복에 투신

례를 치르고 그 친족들을 위로하는 것으로 내 임무를 다했다고 생각할 수는 없을 것이다. 내가 그 장소에 있었다면, 나는 그 자동차를 빼앗아 타고 그 미친 사람에게서 핸들을 빼앗아야 할 것이다.

앞에서도 소개한 적이 있는 중국혁명의 지도자 진독수(陳獨秀)는 1915년 〈청년잡지〉 창간사에서 다음과 같이 말하였다. "사람은 이 세상에 사는 한 사회적 악과 싸워서 이겨야 할 것이지 불의에서 도피하여 안일과 한가 속으로 물러나서는 안 된다. (…) 나는 청년들이 톨스토이나 타골이 되기보다 콜럼버스나 안중근이 되기를 바란다"

박재혁은 폭력주의 세력의 상징을 제거함으로써 조선의 독립과 동양의 평화를 추구하였다. 비록 평범한 소상인에 불과하지만 조국의 독립을 위해 왜장을 처단하려는 자신의 행위에 추호도 후회하지 않으면서 떳떳하게 거사를 준비하였다.

부산경찰서장 하시모토에 투탄

부산의 동지들과 거사 준비

총독부 경찰은 박재혁이 부산에 도착한 것을 이미 탐지하고 동향을 주시하고 있었다. 그가 상하이와 싱가포르 등을 왕래하면서 모종의 역할을 하고 있음이 상하이 주재 일본 영사관 경찰의 첩보를 통해 입수된 것이다.

오택은 박재혁이 입국한 이후 일본 형사 사까이(坂井)가 찾아와 자신에게 박재혁의 입국 이유에 대해서 물은 것에 불안감을 느끼고, 상황이 좋지 못함을 박재혁에게 알리기 위해 백방으로 노력한다. 오택의 회고를 들어보자.

범어사로 사람을 보내 어제 일(일본 형사들이 박재혁 동향에 대한 오택에게 질문한 일)을 전하고서 주의하도록 하였다. 그러나 편지를 가지고 간 사람이 만나지 못하고 돌아왔다.

그래서 그 밤도 깊도록 무슨 소식이 올까 고대하다가 피곤해 잠이 들었던 모양인데 꿈에 박형이 붉은 두루막을 입고 공중으로 날아다니는데 조선 사람들은 모두 쳐다보고 떨어질까 걱정을 하고 일본인들은 괴변이라고 총살하자고 모의하여 군경 상인들의 총질을 함으로 나는 차마 볼 수 없어 눈을 감고 으악 소리를 지르며 놀라서 깨었다.

심령상 불상조가 확실하여 밤새도록 우울하였다. 나는 박형이 동래로 가고부터 만일을 알 수 없어 야간은 물론이고 주간도 문밖을 나가지 않고 궁리만 하고(…)소식이 오기만 고대하고 있었다.

이날은 9월 13일인데 어제부터 가랑비가 내려 오전까지 가을비가 오락가락하다가 오후에야 겨우 그쳤다. 갑자기 내 집 문전에 자동차 소리가 나더니 박형이 불쑥 들어온다. 나는 반갑기도 하고 놀랍기도 하여 4, 5일 동안 어디서 어떻게 지냈느냐 물은 후 간밤 꿈 이야기를 하니 박형 역시 어젯밤 2시간에 최종 결심을 했다고 한다.

동래서도 해운대서도 왜경의 조사를 당하였으므로 범어사 원효 암까지 피신하여 심사숙고를 하였으나 도저히 호기를 고대할 수 없다. 차일피일하는 동안에 만일 사건이 발각이 되면 나의 계획은 수포로 돌아가고 악형만 남을 것이니 차라리 대상의 대소를 불구하고 나의 결심을 단행하는 것이 본의라고 단정을 내리고 말았다고 냉엄한 어조로….

가족을 나에게 부탁하는 동시에 친지에게는 추호도 피해가 없도록 단독 책임을 지겠다고 말하였다. 나는 부지 중 석별의 눈물이 앞을 가리고 말문도 닫혔다.[69]

이 자료에 따르면 박재혁은 귀국 후 동래경찰서와 해운대경찰서에서 두 차례 일경의 예비검속을 당한 것으로 돼 있다. 일경이 불시에 귀국한 그의 행적을 추적하고 동향을 주시해온 것이다. 그래서 박재혁은 거사를 서둘렀다.

오택과 헤어진 박재혁은 최천택과 함께 용두산 공원에 올라가 부산경찰서 주변을 정찰한 다음 기념사진을 찍었다. 이 사진은 해방 후 〈민주중보〉(1946. 3. 1)를 통해 국민에게 최초로 알려지게 되었다.

부산경찰서장 하시모토에 투탄

가을이 무르익어가는 1920년 9월 13일. 두 젊은이가 싸늘한 표정으로 용두산에서 부산경찰서를 유심히 관찰하고 있었다. 이들의 얼굴엔 비장한 결의마저 감돌고 있었다.

이들이 바로 소정 최천택과 의열단원 박재혁이었다.

한동안 부산 경찰서를 뚫어지게 쳐다보던 소정이 확고한 어조로 물었다.

"재혁아, 일을 해치우고 압록강을 거쳐 상하이로 가는데 며칠이나 걸릴까?"

"4일이면 충분하네. 왜 그러나?"

"그러면 됐다. 자네는 서장실에 폭탄을 던지고 혼란한 틈을 타서 곧장 피신하게. 뒷일은 내가 맡겠네."

"그럴 순 없어. 자네를 희생시키고 어떻게 나 혼자 피신할 수 있단 말인가"

"걱정 말게. 내가 경찰에 붙잡히게 되면 4일 뒤 자백을 할게. 나는 주범이 아니니까 그들도 심하게 다루지 못할 거야."

소정은 혼자 피신하기를 완강히 거부하는 박재혁을 간신히 설득하여 약속을 받았다.

동지애로 뭉쳐진 소정과 박재혁의 뺨엔 한줄기 눈물이 흘러내렸다.

이들은 두 손을 굳게 잡고 내일(14일)에 있을 거사의 성공을 다짐한 후 기념사진을 찍고 헤어졌다.[70]

마침내 운명의 날 14일이 밝았다. 오택의 『유고집』을 통해 이날 박

의거 전날 기념사진.
박재혁 의사(왼쪽) 최천택(오른쪽) 선생과 부산경찰서 폭탄 투척하기 전날 기념사진이다.
박재혁 유족 이손녀 김경은 기증 ⓒ 독립기념관

재혁의 행적을 살펴본다.

"내 집(좌천동 573) 문 앞에 돌연 자동차 소리가 나더니" 박형이 불시에 들어온다. 반갑고 놀랍기도 하여 같이 방으로 들어와 그동안 지난 일을 서로 두서없이 말했다.

그는 시간이 절박하다며 맡겨둔 물건을 내어달라고 독촉했다. 나는 암실에 들어가 떨리는 손으로 조심스럽게 들고나왔다. 그는 포지(包紙)를 벗기고 흰색 수건에 곱게 쌌다. 마치 병자에게 줄 물약처럼 보였다…."

오택은 박재혁의 동지로서 박이 상하이에서 갖고 온 폭탄을 보관하고 있었다. (일설에는 소정의 당숙모 변봉금이 보관했다고도 함).

이들 두 사람은 좌천동 정공단(鄭公壇)에 올라가 거사 사실을 알린 뒤 천지신명에게 죽음을 맹세하는 고유(告由)를 올렸다.

박재혁이 오택과 헤어진 시각은 정확히 하오 1시 30분. 이때는 비도 그쳐 있었다.

박재혁이 중국 고서적 상인을 가장하여 부산경찰서로 간 것은 1시간 뒤였다.

손에는 중국 고서적 밑에 폭탄을 넣은 궤짝을 들고 있었다.

그는 마치 공무가 있는 것처럼 가장하여 서장실로 곧장 들어갔다.

전날 용두산에서 서장실을 눈여겨봐 두었기 때문이었다.[71]

'의열단원으로 너를 처단한다'

박재혁은 9월 14일 오후 2시 30분경 부산경찰서에 도착하였다.
의열단원 이종암의 동생 이종범이 쓴 『의열단 부장(副將) 이종암전』
에 따르면 이종암과 최천택 등이 집에서부터 동행한 것으로 기록되
었다. 오택의 유고집과는 다소 차이가 있다. 폭탄을 넣은 것이 책보
따리인지, 궤짝인지도 차이점이다.

그날이 9월 13일.
그날 밤 이종암 등과 만나 한 잔 술을 나눈 후 자택에서 잤다.(최
근 김영주의 외손녀 최미숙 씨의 진술에 의하면 거사 전날 밤 김영주
집에서 지냈다고 증언함) 그리고 그 이튿날(즉 9월 14일) 아침에 박
재혁은 도항에 올 때와 꼭 같은 조선옷 차림으로 책보자기를 메고 부
산경찰서로 가서 서장의 면회를 청했다.
이 때에 이종암과 다른 두 동지는 먼 데서 눈인사만 하고는 그 근
처에서 대기하고 있었다. 재혁은 아주 중요한 책이니 꼭 서장에게 보
이겠다고, 서장이 보면 깜짝 놀랄 정도의 서적이라면서 꼭 서장 면회
를 요구했다. 그래서 무난히 서장실에 들어가 책상 위에 보자기를 내
려놓고 풀게 되었다. 서장 옆에는 다른 두 졸도가 서 있었다.[72]

경찰서 1층의 서장실로 안내된 박재혁은 작은 탁자 하나를 사이
에 두고 태연한 모습으로 책 보따리(궤짝)를 풀었다. 하시모토가 호

부산경찰서장 하시모토에 투탄

기심을 갖고 지켜보고, 그의 곁에 두 명의 경찰이 부동의 자세로 서장을 호위하고 있었다. 그는 한두 권의 책을 우선 꺼내 보였다. 다음은 해방 후 환국한 김원봉이 작가 박태원에게 밝힌 의거의 '실황'이다.

이책 저책 꺼내 들고 보여 주는 사이에 마침내 그 밑에 감추었던 폭탄과 전단이 드러났다.

그는 곧 그 전단을 집어, 왜적 앞에 던지고 유창한 일어로 꾸짖었다. "나는 상하이서 온 의열단원이다. 네가, 우리 동지를 잡아 우리 계획을 깨트린 까닭에 우리는 너를 죽이는 것이다"

말을 마치자 그는 곧 폭탄을 들어, 둘이 서로 대하고 앉은 탁자 한가운데다 메어다 부치니, 이때 두 사람의 상거는 겨우 3척에 불과하다.

광연한 폭음과 함께 두 사람은 다 같이 그 자리에서 쓰러졌다. 소리를 듣고 사람들이 소스라쳐 놀라 그 방으로 달려들었을 때, 조금 전에 서장을 찾아온 중국인 서상은, 몸에 중상을 입고 마룻바닥에 쓰러져 꼼짝을 못하고, 서장은 선혈이 임리(淋漓 : 쫙 깔림)한 가운데, 정신을 잃고 쓰러져서 마지막 숨을 모으고 있었다.

온 경찰서 안이 그대로 벌컥 뒤집혔다.

위) 박재혁 의사 의거 당시 부산경찰서

아래) 1920년대의 부산경찰서 모습 왼쪽 건물은 일본거류민사무소, 가운데 건물은 부산이사청, 오른쪽 건물이 부산경찰서(현 광복로 85번길 15)

ⓒ 부경근대사료연구소

　　　　　　　　　　　　　부산경찰서장 하시모토에 투탄

적의 소굴에서 적장에 투탄

성공이다. 대성공이었다. 의열단이 창단된 이후 처음으로 이루어진 성공한 의거였다. 그것도 경찰서에 폭탄을 던진 수준이 아니라 서장실에 들어가서 그의 면전에 폭탄을 던진, 대범함과 의기를 함께 보여준 쾌거였다. 일찍이 독립운동사에 적의 소굴에서 적장에 투탄한 사례가 없었다.

폭탄 터지는 소리에 부산경찰서는 혼비백산이 되고 초비상이 걸렸다. 일제가 한국을 병탄한 이래 그들 요인을 노리는 일은 더러 있었으나 경찰서에서 폭탄을 폭파한 것은 초유의 일이었다. 그것도 경찰서장실이라는 겹겹의 요새에서 일이 벌어졌다. 언론인 송건호의 기록이다.

바로 이때였다. 박재혁은 책 밑에 감추어 두었던 폭탄을 꺼내어 들고 외치듯 말했다.

"나는 의열단원이다. 네놈들의 소행으로 이번에 우리 동지들이 모두 구속되고 말할 수 없는 고초를 겪고 있다. 네놈들은 우리의 원수다. 죽어 마땅한 줄을 네놈들도 알고 있겠지" 라고 유창한 일본말로 준엄히 꾸짖었다.

서장은 새파랗게 질려서 말도 못하고 다른 졸도 중 하나가 달아나려 했다.

그때 박재혁은 들었던 폭탄을 서장 앞 책상 위에다 내리쳤다. 굉장한 폭음과 함께 책이며 책상 할 것 없이 산산이 부서지고 창문과 마룻바닥도 출입문도 벽도 부서졌다. 물론 서장과 두 졸도들도 그자리에 고꾸라졌다. 이 폭음에 놀라 바로 옆방과 위층에서 많은 졸도들이 뛰어 내려왔다. 박재혁도 물론 크게 부상당해 쓰러졌다. 9월 14일이었다.[73]

송건호는 폭탄 두 개를 던진 것으로 기록했으나, 일제의 재판기록에는 1개인 것으로 나타났다. 하시모토는 오른쪽 무릎 부위가 출혈로 붉게 물들이고 있었다. 어떠한 의거 못지않은 장렬한 모습이었다.

하시모토는 치명상을 입고 병원으로 옮기고 두 일인 경찰은 오랫동안 입원 치료 후에 살아나기는 했으나 불구가 되었다. 하시모토는 부산부립병원에서 치료를 받고 11월 17일 의원면직 됐다. 1921년 1월 12일 조선총독부 도 경시(警視, 加加尾桂太郎)가 새로 부산경찰서장에 부임했다. 그리고 더 심한 악행을 계속하였다.

박재혁은 현장에서 하시모토가 쓰러지고 회생이 불가능할 것으로 생각했다. 자신도 오른쪽 무릎을 크게 다쳐 피신하려 해도 온 몸에 파편이 터져 몸을 움직일 수 없었다. 1층의 서장실에서 빠져나갈 방법도 없었지만 처음부터 피신할 생각이 없었다. 그래서 악귀들처럼 달려드는 일본 경찰에 당당하게 피체되었다.

부산경찰서 근처에서 상황을 지켜보던 최천택은 폭탄이 터진 후 10여 분이 지나도 박재혁이 뛰쳐나오지 않자 거사가 실패했음을 알고 황급히 좌천동 자신의 집으로 돌아왔다. 폭탄을 던진 후 혼란 틈에 박재혁이 나오면 함께 피신하기로 약조했던 터였다.

최천택이 자기 집에 돌아와 40여 분이 지난 후 부산경찰서 형사들이 몰려와 그도 피체되고, 같은 시각 오택과 김영주도 붙잡혔다. 일경은 이들 외에도 경찰서 부근을 지나던 부산시민 다수를 혐의를 씌워 구속하였다. 박재혁 의사의 어머니와 동생도 끌려와 혹독한 수사를 받았다.

살기등등한 이들은 경찰서 부근을 지나던 행인·상인 등 젊은이 수십 명을 닥치는 대로 붙잡아 들였다.

반항을 하면 구둣발로 차고 총검으로 위협하여 유치장에 몰아넣었다. 유치장은 영문을 모르고 붙잡힌 사람의 신음소리와 통곡 소리가 범벅이 돼 생지옥을 방불케 했다.

1층 사무실에는 급보를 받고 달려온 부산지방법원 검사국의 오무라 검사장·호리다 검사 등 판·검사와 경찰 수뇌가 모여 밤늦도록 무엇인가 대책을 논의했다.

이 회의에서 어떤 중대 결정이 내려졌는지 알 수 없으나 15일 아침부터 형사들의 취조가 시작됐다.

전날 붙잡은 수많은 청년들은 성명·주소 인상착의 등을 일일이 기록하고 석방됐다.

부산진 출신의 5~6명만 별도로 구분하여 다시 유치장에 수감했다. 형사들은 3~4일 동안 이들을 추궁했으나 혐의가 없자 이들도 석방되고 최천택·김영주·오택·김작치·강필문·백용수(부산공립상업학교, 5회)만 남아 본격적인 심문을 받게 되었다.[74]

동지들 구하고자 '단독 의거' 일관

1920년대의 부산부립병원 모습(부산대학병원의 전신)
© 부산대관

의거 직후 피체되어 부산경찰서 수사실로 압송된 박재혁은 상처가 심하여 곧 부산부립병원으로 이송되었다. 수십 명의 경찰이 삼엄하게 경계한 가운데 상처 부위를 치료하고, 이어서 강압적인 수사가 계속되었다.

박재혁은 시종일관 단독거사였음을 주장하고, 일인 수사관과 검사는 배후·동조자를 캐물었다. 일제가 이 기회에 반일적인 부산지역 민족주의 세력의 뿌리를 뽑고자 하는 의도였다. 이 같은 일제의 의도를 꿰고 있는 박재혁이 동지들을 희생시킬 이유가 없었다.

박재혁은 이 순간 1456년 단종 복위 운동에 참가했다가 김질(金礩)의 밀고로 모의가 발각되어 세조의 국문을 당했던 먼 조상 박팽년(朴彭年)을 생각했다. 박팽년은 국문장에서 세조를 '나으리'라고 부르면서 "나는 상왕(上王 : 단종)의 신하이지 나으리의 신하가 아니다"고 했다. 모의에 가담한 것을 부인하면 살려주겠다는 세조의 제의도

부산경찰서장 하시모토에 투탄

거절했다. 그리고 당당하게 능지처참의 변을 당하였다. 박재혁도 배후·동조자들을 불면 극형만은 면해주겠다는 검사의 유혹을 한 마디로 거절했다.

이 무렵의 일이었다. 부산경찰서의 조선인 사환이 소정 최천택이 갇혀있는 유치장에 점심을 가져왔다. 이 소년은 소정 최천택에게 은밀한 눈치를 하며 붓 대롱을 떨어뜨려 놓고 갔다. 소정 최천택은 벌떡 일어나 이것을 밟았다. 잠시 주위를 살핀 뒤 붓 대롱을 주워 편지를 꺼내 읽었다.

"천택아, 고생이 심하겠구나. 너희들은 이 사건을 모른다고 해라. 모든 것은 내가 책임지겠다" 라는 짤막한 내용이었다.

이 편지는 부산부립병원에 입원한 박재혁이 보낸 것이었다. 박재혁은 조선인 간호원의 치료를 받고 있었다. 이 간호원은 박재혁의 장거에 깊은 감명을 받고 작은 일이나마 도울 방법이 없을까 궁리하고 있었다. 핏줄 속에 흐르는 동포애가 가슴을 쳤던 것이다.

이 간호원은 부산경찰서에서 벌어지고 있는 참혹한 일을 훤히 알고 있었다. 동생의 친구가 경찰서 사환이었기 때문이었다.

며칠을 고민하던 간호원은 일본인 의사들이 없는 틈을 타서 박재혁에게 그 내용을 상세히 설명해 주었다.

박재혁이 쓴 편지는 간호원과 부산경찰서 사환을 통해 소정 최천택에게 전달된 것이다.

이것을 읽은 소정 최천택은 백만대군을 얻은 듯 더욱 용기를 내었다. 뼈가 부서지고 살이 으깨어지는 고문을 묵묵히 이겨냈던 것이다.

최천택·김영주·오택·김작치·강필문·백용수는 부산경찰서에 잡혀 온 뒤 3주일 만에 기소돼 부산지방법원 검사국에 이송됐다.[75]

혈농어수(血膿於水)라는 말이 있다. "피는 물보다 진하다"는 뜻이 담긴다. 몽양 여운형이 일제강점기 일본에 가서 일본 정부 요인들로부터 갖은 협박과 유혹을 물리치면서 동포 유학생들에게 휘호로 남긴 내용이기도 하다.

일제 부립병원의 간호원 소녀까지도 박재혁의 의기 넘치는 행동과 당당한 모습에서, 자칫 위험에 빠질지도 모르는 일을 감내한 것이다. "피는 물보다 진하다"

의거 당일인 9월 14일 〈부산일보〉(당시 일인들이 발행한 신문, 현 부산일보와는 별개)가 호외를 발행했지만, 곧 보도가 통제되었다. 하지만, 호외가 발행되면서 이 사건은 부산지역을 뛰어넘어 큰 공안 사건이 되었다. 〈부산일보〉 호외는 〈의열단원 박재혁 폭격탄 소동〉이라는 제하에 "부산서의 폭탄 소동, 교본(矯本) 서장 부상, 범인도 부상·중상"이란 작은 제목으로 의거 사실을 보도하였다. 기사 중에는 "범인은 가정부원" 등의 내용도 실었다. 당시 일제와 총독부는 상하이의 대한민국임시정부를 '가정부(假政府)'라고 불렀다. 부산경찰서는 박재혁 의사를 의열단원이면서 임시정부의 요원으로 파악한 것이다. 그래서 더욱 혹독한 고문이 가해졌다. (호외 내용은 옆과 같다.)

부산경찰서장 하시모토에 투탄

박재혁 의사 '부산경찰서장 폭탄 사건' 후 발행된 1920년 9월 14일 자 부산일보 호외. 김삼근 기증
© 독립기념관

부산일보 호외(號外)(단기 4253년〈1920년〉) 9월 14일 자 번역
내용

(번역: 김삼근, 『부산 출신 독립투사집』 저자)

부산서(釜山署의) 폭탄(爆彈) 소동(騷動)
'한 조선인이 서장 면담 도중 강력폭탄투척

하시모토 서장 부상
범인은 그 자리에서 중상함

금일 오후 2시 40분 부산경찰서에서 폭탄을 투척(投擲)한 일대 참
사가 있어서 좌기와 같이 상보(詳報)함.

당시 하시모토 서장은 사무실에서 공용(公用)의 문서를 훑어보고 있는데 한복차림의 연령 26, 7세 되는 선인(鮮人)이 아무 안내도 없이 유유히 사무실로 들어와 서장 앞에 서며 면회를 구하는 태도이기에 서장은 붓을 놓고 그 사람을 보며 일어서려 할 찰나 발밑에서 이상한 소리가 나며 하얀 연기가 올라 퍼지자 꽝 하는 소리와 함께 그 자리에서 서 있던 선인 한 사람은 선혈(鮮血)에 젖어 넘어져 있었다.

비로소 폭탄을 던진 것이라고 알았다. 이로 인하여 서장은 오른쪽 다리와 복부에 경상을 입고 때마침 근무 중인 경관은 이 의외의 참사(慘死)에 크게 놀라 곧 달려와 서장의 신변을 경호하는 한편 니시무라 병원장 및 부립병원장에서 급보하여 응급치료를 하니 서장의 상처는 경상이지만 범인은 오른쪽 다리와 복부가 심히 부상을 당해서 매우 중상이라 곧 부립병원에 수용하였다.

범인은 가정부원(假政府員)일까?

이 참사 돌발과 동시 경찰서는 곧 비반 순사를 소집하여 일대 경계를 함과 동시에 부산지방법원 검사국에 급보를 한즉 오호무라 검사를 비롯, 서기 수명이 두 대의 자동차에 분승하고 현장에 출장, 루탄 당시의 모양 기타를 검사한 후 서장으로부터 당시의 보고를 취하는 한편 범인을 검정한 뒤 곧 단가에 태워 부립병원에 수용하니, 그 범인은 부산진 출생 박재혁이란 자로서 상하이 가정부원의 한사람이라고는 하지만 미상임. 범인의 상처를 오른쪽 다리와 복부를 심하게 다쳐서 출혈이 심하여 매우 중태이나 생명에는 별 지장이 없는 듯.

하시모토 서장의 상처

폭탄으로 입은 서장의 상처는 오른쪽 다리에 폭탄의 파편을 맞고 출혈은 흰 바지를 물들였기는 하였으나 서촌(西村) 주작(朱雀) 두 의사 진찰에 의하면 그렇게 중상은 아니고 서장은 붕대를 감고 사무실에서 사건에 관한 지휘명령을 하고 있었다.(14일 오후 3시 반)

현장은 처참을 극하였음

폭판 파편의 현장은 하시모토 서장 책상과 수부(受付) 계원 석과의 중간부였고 폭판 파편은 서장이 있는 중형 평상 안락의자의 오른쪽 다리를 분쇄하였지만 한편은 또 천장을 관통하여 이층 사법실의 마루판을 관통하여 마침 집무 중인 와다 사법주임의 의자, 책상 등을 파괴하였음. 현장은 범인의 부상으로 인해 심한 출혈로 마룻바닥을 피로 물들여 처참은 극에 달했음.

매우 강렬한 폭탄이었다.

폭탄은 매우 강렬한 폭탄이었으며 흉행(兇行)의 현장에 방치한 손수건 면포에는 사용한 폭탄의 형상이 붉은 녹이 붙어 있는 것을 보아 범인은 오래전부터 흉행(兇行)을 계획하고 있었음을 가히 알 수 있었다.[76]

부산경찰서장 하시모토에 투탄

죽음이 두렵지 않은 의사의 신념

온갖 고문에도 동지들 보호

박재혁 의사의 부산경찰서 투탄 사건은 총독부는 물론 일제에 큰 충격을 주고도 남았다. 따라서 그들은 보복과 증오심에 불탔다. 또한 다시는 이 같은 일이 반복되지 않도록 경계를 강화하는 한편 자신들이 '불령선인'으로 찍은 부산·경남지역의 한국 민족주의자들을 더욱 철저히 감시하였다.

박재혁 의사는 의거 당시 폭탄 파편으로 다리를 비롯해 온몸에 상처투성이인데도 불구하고 일제 수사관들이 각종 고문을 자행하면서 '배후'를 캐고자 시도했다. 이 기회에 '항일분자'들을 일망타진하려는 속셈이었다. 하지만 박 의사는 저들의 야수적인 고문에도 끝내 입을 열지 않았다.

일제의 한국독립운동가에 대한 고문 악행은 국제적으로도 널리 알려졌다. 하지만 악행을 그치지 않았다.

일제강점기 조선총독부가 우리 애국자들에게 가한 고문의 방법은 무려 72종에 달하였다고 한다. 자행된 고문 하나하나가 잔인하였을 뿐만 아니라 그 방법이 몹시 간교하였다. 고문의 흔적은 남기지 않으면서 최대의 효과를 노릴 의도에서 단근질을 할 때 온몸에 기름을 바른 다음 지졌는가 하면, 천장에 매달 경우 새끼줄에 붕대를 감아 팔이나 어깨를 묶는 방법을 사용하기도 했다. 또한 상처의 회복이 가장 빠른 입속에 막대기를 쑤셔 넣어 고통을 가하는 등 간교한 고문법을 이용했다.

　이런 잔학한 고문방법 중에서 가장 참기 어려운 고문이 여러 날을 굶긴 후 그 앞에서 고문 경찰들이 음식을 들며 이를 바라보도록 한 방법이었다고 한다. 한번 고문이 시작되면 보통 1~4시간 계속되었다.

　1912년 105인 사건 때 구속되어 각종 고문을 당했던 독립운동가 선우훈은 일제 경찰의 고문수법을 다음과 같이 기술하였다.

·주먹과 구둣발로 목 부분과 전신을 비벼대거나.

·손가락 사이에 철봉을 끼우고 손끝을 졸라맨 후 잡아당기는 방법.

·대나무 못을 손톱과 발톱 사이에 박는 방법.

·수십 일간 완전 밀폐된 독방에 가두고 음식물을 일절 주지 않는 방법.

·아주 추운 날 옷을 벗긴 후 수도전에 묶고 찬물을 끼얹어 얼음기둥을 만드는 방법.

·가죽 채찍과 대나무 묶음으로 맨몸을 휘감아 갈기는 방법.

·널빤지에 못을 박아 그 위에 눕게 하는 방법.

·양쪽 엄지손가락을 결박한 후 한쪽 팔은 가슴 어깨너머로 올리고 다른 한편 팔은 갈기는 방법.

·온몸에 기름을 바른 후 인두와 담뱃불 등으로 단근질하는 방법.

·참대나무를 양쪽에서 마주 잡고 위에서 아래로 훑어 내리는 방법.

·입을 벌리게 한 후 혀를 빼게 하고 기도에 담배연기를 넣는 방법.

　　　　　　　　죽음이 두렵지 않은 의사의 신념

·기절했을 때 종이로 얼굴을 봉창한 후 물을 끼얹는 방법.

·1전짜리 동전 둘레만큼의 머리카락에 몸을 매달아 머리털이 빠지게 하는 방법.

·돌바닥에 메쳐놓은 후 머리채와 귀를 잡아끌고 다니며 구타하다가 돌바닥에 처박는 방법.

·코에 뜨거운 물을 붓고 거꾸로 매달거나 뒹굴리는 방법.

·입을 벌리게 하고 막대기로 석탄 가루를 쑤셔 넣어 기절시키는 방법.

·입에 재갈을 물리고 머리털을 선반에 잡아맨 후 앉을 수도 설 수도 없는 좁은 공간에 처박아 놓는 방법.

·여러 날 일체 굶긴 후 그 앞에서 만찬을 벌이는 방법.

·수염의 양 끝을 서로 묶은 다음 빠질 때까지 잡아당기는 방법.

·사형집행을 가장하여 자백을 최후로 강요한 후 이에 응하지 않을 경우 공포를 쏘아 실신시키는 방법.[77]

박재혁 의사도 이와 같은 고문을 당하였을 것은 불을 보듯 뻔하다. 옥중에서 단식 끝에 순국하였으므로 증언을 남길 수 있는 기회가 없었을 뿐이다.

경성고등법원에서 사형선고

일제는 박재혁 의사를 아무리 취조하고 고문을 해도 누구의 사주도 받지 않고, 누구와 공모하지도 않고 의거는 단독으로, 오직 조국의 독립을 위해서 행한 것임을 당당하게 주장하였다. 총독부 경찰은 박재혁이 의열단 단원임을 알고 단장 김원봉을 교사자로 지목하는 한편 공범자라고 하여 박재혁과 가까운 최천택·오택·김영주·김작치·백용수·강필문 등을 일제히 검거하였다.

이들은 혹독한 고문을 받고서도 공범 사실을 완강히 부인함으로써 10월 16일 기소유예 처분을 받고 석방되었다. 이중 오택은 박재혁이 맡긴 폭탄을 보관한 일이 알려져 화약취급위반죄로 대구감옥에서 1년 동안 수형 중 1922년 가출옥되었다. 박재혁이 귀국 후 동지들과의 만남 등을 말하지 않고 끝까지 단독거사임을 진술했기 때문이다.

일제는 초조해졌다. 일본 국내의 〈대판매일신문〉과 〈대판조일신문〉 등이 일본의 동화정책이 근본적으로 실패했다는 비판 기사를 쏟아내면서 총독부와 경무총감부를 질타했기 때문이다.

(…) 평양·경성에서 폭탄사고가 발생한 것은 괴이치 않다. (…) 무지한 자의 횡포이니 당연시되지만 이번 부산 사건은 천만 의외의 일이다. 동경 복판에 폭탄이 떨어진 것과 동일시할 수밖에 없다. 부산은 300년(임진왜란 이후 부산 개항을 말한 것 같음) 이래 일본의 거류지이며 개화도가 우리와 동일하다.

죽음이 두렵지 않은 의사의 신념

이번 사건의 범인은 부산 태생이며 일본식 교육을 받은 사람인데 (…) 배일사상을 가진 것으로 보아 금후 도저히 안심할 수 없다. 일선 동화는 단념하는 것이 오히려 현명하다.[78]

일제는 배후를 밝혀내지 못하자 1920년 10월 16일 부산지법에 박재혁 의사를 살인미수·폭발물취체벌칙 위반 등의 혐의로 공판에 회부하고, 동년 11월 2일 노다 검사가 사형을 구형했으나, 제1심 공판인 11월 6일 아오야마 재판장은 무기징역을 선고하였다. 무기징역의 이유는 박재혁의 "범죄는 건조물침입죄 및 살인미수죄·건조물파괴죄의 합죄로서 조금도 가석할 수는 없는 바이나 피고의 범죄 동기는 타동적이고 자동적이 아님을 인정할 점과 범죄의 결과가 비교적 피해가 근소하고 인명이 미상에 그친 점, 아울러 피고가 회오의 정상이 역력한 것이므로 정상을 참작하여 사형을 감하여 무기징역에 처단한다"고 판시하였다. 부산지방법원 재판장이 무기징역을 선고하자 검사 노다는 양형이 부당하다고 즉시 공소하였다. 박재혁은 검사의 공소로 2심인 대구 복심법원에서 재판을 받기 위하여 1920년 11월 17일 대구 복심법원에 호송되어 대구감옥에 수감되었다. 1921년 2월 14일 제2심 결과를 요약한 일제 경찰은 박재혁의 투탄을 '부산경찰서 폭파사건'으로 명명했으며, 1심의 무기징역 판결이 취소되고 사형을 선고했다. 박재혁은 불복하고 변호사 기모토(木本房吉)를 대리인으로 상고하여 경성고등법원에서 1921.3.14, 3.24 2차례 심리가 있었으나 1921년 3월 31일 최종 사형선고를 받았다.

부산지방법원이 '회오의 정상' 운운한 것은 대단히 정략적이었다. 일제는 우리 독립운동가들을 재판할 때 마치 반성한 것처럼 상투적으로 이런 용어를 썼다. 박 의사가 '회오의 정상'이 역력하였다면 굳이 경성고등법원이 사형이 선고되지 않았을 것이다. 실제로 박재혁 의사는 거사의 동기를 조국의 독립을 위해 단독으로 거사했음을 진술하고 추호도 비굴하거나 선처를 구걸하지 않았다. 그랬으면 최종심에서 사형을 선고하지 않았을 것이다.

박재혁 의사에 대한 구형과 1심 선고공판의 신문보도이다.

구분통(九分通)에 있는 법정 문 앞에는 아침 일찍부터 경관 10여 명이 엄중한 경계를 펼쳤다. 오전 8시부터 방청객이 입장하기 시작하여 9시 무렵에는 입추의 여지가 없었다. 수백 명의 군중들은 법정 밖에서 재판을 지켜보았다.

방청석의 맨 앞줄에는 눈물을 흘리는 모친과 누이동생의 모습은 일동의 시선을 모았다. 박재혁은 오전 9시 2명의 기마헌병이 앞뒤로 경계하면서 수인 마차로 입정했다. 박재혁은 아직 완쾌되지 않아 고통에 몸이 파리하여 얼굴은 창백하고, 몸을 가누지 못해 겨우 간수가 부축해서 의자에 앉혔다.

아오야마 재판장의 신문에 이어 노다 검사의 공소사실 낭독 후 사실 심문에 들어갔다. 고통에 못 견디는 박재혁은 간신히 대답했다.

노다 검사는 총독 정치에 대한 조선인의 오해와 사상의 악화에 대

죽음이 두렵지 않은 의사의 신념

해 도도하게 약 40분 동안 논고했다. "이번 박재혁이 범행에 미친 것은 이미 죽기로 결단하고 단행한 것이요. 또 법률상으로 논하더라도 추호도 용서할 수 없는 건"이라고 사형을 구형했다.

아오야마 재판장은 검사의 논고에 대해 불복이 없느냐고 물은 즉, 박재혁은 다만 머리만 끄덕거릴 뿐이었다. 그러면서 박재혁은 가족 면회를 시켜 달라 했다. 이에 재판장은 규정한 수속을 한 후 면회 될 것이라 말했다.

이때 방청석 전면에 눈물을 흘리고 있던 박재혁의 모친은 방성통곡을 하면서 박재혁에게 달려들려고 하자 조선인 간수가 가로막았다. 여동생은 눈을 가리고 돌아섰으며, 이 모습들을 본 방청객들은 눈물을 흘렸다.

박재혁에 대한 제1심 선고공판은 11월 6일 오전 10시 20분 부산 지법 형사법정에서 진행됐다.

법원 입구에는 경찰 몇 명이 엄중한 경계를 펴고 있었으며, 오전 8시가 지나서부터 방청객이 모이기 시작하여, 9시 반이 되자 법정은 입추의 여지 없이 찼다. 대다수의 방청객이 조선인이었다. 모여든 사람들이 넘쳐, 문짝에도 기대고 또는 나무 위에 타고 올라가 귀만 세우고 있는 자도 있었다.

박재혁은 오전 9시 반에 1명의 기마헌병의 경호로 수인 마차를 타고 출발하여 10시 20분에 법원에 도착했다. 아직 낫지도 않은 관절 등과 괴로운 몸을 간신히 움직이며, 파리한 몸을 3명의 간수에게 부축받아 법정에 들어왔다. 그 모습을 본 모친과 누이동생은 대성통곡하자

취체경관의 주의를 받았다.[79]

사형이 확정된 박재혁 의사는 대구형무소에 수감되었다. 의거 지역인 부산형무소가 아닌 대구형무소에 수감된 것은 의열단원이나 부산 민족주의자들의 습격에 대비한 조처였을 것이다.

박재혁 의사는 나이는 아직 젊었으나 정신은 담대했다. 고교시절부터 비밀결사에 나서고 상하이 등지에서 독립운동지도자들을 만나면서 우국 열정이 넘쳤다. 그리고 생명을 조국해방투쟁에 바친들 아깝지 않겠다고 다짐하였다. 재판정에서 하늘이 무너지는 듯한 충격을 받고 흐느꼈던 어머니와 여동생의 앞길이 염려되었으나 조국의 의로운 사람들의 손길이 있으리라 믿었다.

삶과 죽음의 문턱에서

박재혁은 일제로부터 사형선고를 받고 어떻게 처신할 것인가를 골똘히 생각하였다. 먼저 의열단에 가입할 때 서약했던 '공약 10조'가 떠올랐다. ①의 "천하의 정의의 사(事)를 맹렬히 실행하기로 한다"는 어김없이 실천하였다. ②의 "조선 독립과 세계의 평등을 위하여 신명을 희생키로 함"에 방점이 찍혔다. '신명을 희생키로' 했으면 목적을 달성했으니, 이제 당당하고 꿋꿋하게 죽음에 임하면 되었다.

죽음이 두렵지 않은 의사의 신념

박재혁 의사 사형 언도 기사 "사형에 처한다는 판결을 지난 삼심일일에 언도하였더라"라 하여 3월 31
일 사형 언도를 받았음을 알 수 있다. 독립신문 1921년 4월 9일 자 ⓒ 독립기념관

죽음보다 더한 굴욕을 견디면서 '발분지서(撥憤之書)'라는 『사기』
를 쓴 사마천은 생과 사를 자연의 순환법칙으로 이해하면서 '태산'과
'홍모'에 빗대어 죽음의 무게를 달았다.

人固有一死 사람은 누구나 한 번 죽지만
或重或泰山 때로 어떤 죽음은 태산보다 무겁고
或輕於鴻毛 때로 어떤 죽음은 홍모보다 가볍다.

사마천은 『사기』(열전)에 숱한 인물의 평을 남겼다. 그리고 얻은
결론의 하나로 사람에 따라 삶과 죽음의 의미가 '태산'과 '홍모'로 나
뉘게 된다는 것이었다.

해방 후 6~80년대에 활동했던 법정 스님은 「살 때와 죽을 때」에서
"꽃은 질 때도 아름다워야 한다"고 노래했다. 사람은 가는 뒷모습도 아
름다워야 한다는 뜻이다.

살 때는 삶에 철저해 그 전부를 살아야 하고
죽을 때는 죽음에 철저해 그 전부가 죽어야 한다
삶에 철저할 때는 털끝만치도 죽음을 생각할 필요가 없다
또한 일단 죽게 되면 조금도 삶에 미련을 두어서는 안 된다.

사는 것은 내 자신의 일이고
죽음 또한 내 자신의 일이니

죽음이 두렵지 않은 의사의 신념

살 때는 철저히 살고

죽을 때 또한 철저히 죽을 수 있어야 한다.

꽃은 필 때도 아름다워야 하지만

질 때도 아름다워야 한다

모란처럼 뚝뚝 무너져 내릴 수 있는 게

얼마나 산뜻한 낙화인가

새잎이 파랗게 돋아나도록 질 줄 모르고

매달려 있는 꽃은 필 때만큼 아름답지가 않다.

생과 사를 물을 것 없이

그때그때의 자기 삶에 최선을 다하는 것

이것이 불교의 사생관이다.

우리가 순간순간 산다는 것은

한편으론 순간순간 죽어 간다는 소식이다.

현자는 삶에 대해서 생각하지

죽음에 대해서는 생각하지 않는다.[80]

의로운 사람은 비겁하지 않은 법이다. 살았을 때나 죽음(죽임)에 임하여가 다르지 않다. 박재혁은 일제의 수사나 재판 과정에서 조금도 비굴하지 않았다. 당당하고 떳떳하게 진술하고, 동지들에 관련해서는 갖은 고문에도 입을 열지 않았다.

면암 최익현의 정신으로

박재혁 의사는 일제의 재판을 받으면서 어떻게 죽을 것인가를 거듭 생각하였다. 그러던 줄 한말 의병장 면암 최익현(1833~1906)을 떠올렸을 것이다. 1876년 병자수호조약의 파기를 상소했다가 흑산도로 유배되고, 풀려나서 위정척사 운동을 주도하다가 1905년 을사늑약이 체결되자 곧바로 '청토오적소' 즉 박제순 등 을사오적을 처단할 것을 주장하였다.

친일세력에 장악된 조정이 이를 외면하자 면암은 74세의 고령으로 1906년 4월 전라북도 태안에서 '창의토적소'를 통해 백성들에게 궐기를 호소하고 직접 의병을 조직하였다. 의병 활동 중 최익현은 세 불리하고 역부족하여 일본군에 피체되어 대마도로 끌려갔다. 이즈하라(嚴原)에 소재한 일본군 위수영에 3년 동안 감금되었다가 왜놈의 물 한 잔도 마시지 않겠다는 결기로 오랫동안 단식 끝에 1907년 1월 1일 절명 순국하였다.

조선의 국적 제1호 이토 히로부미를 처단한 안중근은 뤼순 감옥에서 취조를 받으면서 대한제국 시기의 주요 인물에 대한 기록을 남겼다. 다음은 면암에 관한 언급이다.

최 면암은 고명한 사인(士人), 격렬한 상소를 올리기 수 회, 도끼를 지니고 대궐에 엎드려 신(臣)의 목을 베라고 박(迫)한 것과 같은

　　죽음이 두렵지 않은 의사의 신념

박재혁 의사 동상 © 개성고등학교 역사관

일은 참으로 국가를 걱정하는 선비였다. 또 5조약에 반대하여 상소하고 뜻대로 되지 못하자 의병을 일으킴에 이르렀다.

왜병이 이를 체포하였어도 나라의 의사(義士)라 하여 대마도에 보내어 구수(拘囚)하였다. 그러나 그는 백이·숙제 이상의 인물이다. (그들은) 주나라의 채소도 불식(不食)한다 하였으나, 최 선생은 물도 불음(不飮)한다 하였으니 만고에 얻기 어려운 고금 제일의 인물이다.[81]

'당당한 최후' 맞은 전봉준을 생각하며

박재혁 의사는 거듭되는 고문과 의거 때의 상처로 심하게 앓으면서도 국가를 위해 신명을 바친 충렬지사들의 최후를 생각하였다. 1894년 동학도들을 이끌고 반봉건·척왜척양의 혁명에 나섰다가 배신자의 밀고로 붙잡혀 서울로 압송된 녹두장군 전봉준도 생각했을 것이다.

비유가 적절할지 모르지만 박재혁 의사의 경우 전봉준의 모습을 닮은 대목이 더러 있다. 박재혁이 투탄 의거 과정에서 다리를 상하였듯이 전봉준도 피체 과정에서 다리를 크게 다쳤다. 일본 군의가 치료를 했다고 하지만 형식적일 뿐이었다.

박재혁 의사가 최후를 앞두고 전봉준 장군의 의연한 모습을 떠올

죽음이 두렵지 않은 의사의 신념

렸을 것은 상상하기 어렵지 않다. 대장부는 서로 닮고 뜻이 통하기 때문이다.

전봉준은 상한 다리를 일본군 군의에게서 치료받았다. 이때 일본 유력인사가 전봉준에게 은밀히 손을 내밀었다. 일본인 변호사를 대어 생명을 구해주겠다는 제안이었다. "그대의 죄상은 일본 법률로 보면 중대한 국사범이기는 하나 사형까지는 이르게 하지 않을 수도 있으니 일본인 변호사에게 위탁하여 재판하여 보는 것이 좋을 것이다. 또 일본 정부의 양해를 얻어 활로를 구함이 어떠냐?" 이에 대해 전봉준은 한마디로 거절했다. "척왜척양의 깃발을 들고 거사한 내가 너희에게 활로를 구함은 내 본의가 아니다"

이런 말을 들은 일본인 유력자는 움찔했다. "조선에 이런 인물이 있었던가" 한편으로는 놀랍고 두려웠을 것이다. 전봉준은 붙잡혀서 재판을 받을 때나 사형이 선고되었을 때나 일관되게 의연한 모습을 보였다. 취재하던 일본 기자들도 모두 놀랐다고 전한다.

일본은 전봉준을 이용하기 위해 온갖 간교한 음모를 꾸몄다. 살려서 이용하고자 하는 속셈이었다. 일본 극우계열인 천우협 인사들이 본격적으로 전봉준을 이용하려는 공작을 꾸몄다. 전날에 전봉준을 만난 적이 있는 다나카 지로가 일본 영사관의 동의 아래 죄인으로 가장하고 감옥으로 들어가 전봉준과 접촉하였다.

다나카는 전봉준에게 천우협의 역할을 설명하고 청일전쟁을 비롯하여 조선의 정세 등을 자세히 설명한 다음 일본으로 탈출할 것을 권고하였다. 이때 전봉준이 살길을 찾아 다나카의 설득에 동의하였다면 생명을 건질 수도 있었을 것이다. 당시 서울은 이미 일본군이 장악하다시피 하고 있어서 얼마든지 일본으로 탈출이 가능했던 정황이었다.

"내 형편이 여기에 이른 것은 필경 천명이니 군이 천명을 거슬러 일본으로 탈출하려는 뜻은 추호도 갖고 있지 않다" 전봉준은 단호하고 결연했다.

사마천이, "죽음이냐 남근을 제거하는 궁형이냐"를 선택받고 자신이 처한 심경을『사기』에서 표현한 글이 있다.

죽는다는 것은 어려운 일이 아니다
죽음에 처하는 것이 어렵다.

죽음에 처하며 살아가는 편이 죽는 것보다 훨씬 어려운 일이라는 것이다. 결국 사마천은 치욕을 견디며 살아남아서 불후의 업적『사기』를 썼다.

그러나 전봉준은 그럴 수가 없었다. 자신이 타도하고자 했던 '반봉건'과 '반외세', 그중에서도 더욱 척결의 대상이었던 외세, 그 일본의 힘을 빌어 구차하게 목숨을 연장할 수는 없는 노릇이었다.

혁명가답게 전봉준의 의지는 단호하고 결기는 확고했다. 비굴한 자세로 구차하게 생명을 구하지 않았다. 전봉준은 한 치도 흔들리지 않았다. 그리고 결연하게 죽음의 길을 선택하였다.

죽음이 두렵지 않은 의사의 신념

1895년 3월 29일(음력) 마침내 일제가 장악한 조선의 법부에서 사형판결이 내려졌다. 그의 죄목은 조선 말기에 만든 『대전회통(大典會通)』의 "군복차림을 하고 말을 타고 관아에 대항하여 변란을 만든 자는 때를 기다리지 않고 즉시 처형한다"는 조문이다.

사형판결과 함께 이날 바로 형이 집행되었다. '때를 기다리지 않고 즉시 처형' 한다는 조문도 조문이지만, 언제 잔류 동학군이 서울로 쳐들어와 전봉준을 구출할지 모른다는 초조감도 작용하였을 것이다.

1895년 3월 29일, 이날 전봉준과 같이 사형선고를 받은 손화중·김덕명·최경선·성두한 등 5명도 함께 교수형에 처해졌다.

사형판결의 주문을 듣고 전봉준은 벌떡 일어나 결연히 소리쳤다. "올바른 도를 위해 죽는 것은 조금도 원통하지 않으나 오직 역적의 누명을 쓰고 죽는 것이 원통하다"고 대갈일성 하여 재판 관계자들을 놀라게 하였다. 여기서 '올바른 도'란 동학을 말한다.

전봉준은 그리고 죽기 직전에 마지막 소회를 묻자 즉흥시 「운명(殞命)」을 지어 읊었다.

때가 오매 천지가 모두 힘을 합하더니
운이 다하니 영웅도 어쩔 수 없구나
백성을 사랑하고 정의를 세운 것이 무슨 허물이랴
나라 위한 일편단심 그 누가 알리.

박재혁 의사는 전봉준의 이와 같은 '당당한 최후'를 생각하면서,

결코 비굴하지 않겠다는 마음을 다지고 또 다졌다. 일제가 '과오를 반성'하면 생명만은 살려주겠다는 회유를 했을 것이다. 하지만 박 의사는 단호히 거부하였다. 그리고 당당하고 의연하게 순국의 운명을 맞았다. 27세의 짧은 생애이지만 천금과도 같은 값진 삶이었다.

박재혁은 입을 굳게 다물고 심문에 일절 응하지 않았다. 그는 이미 죽을 각오를 하고 있었다. 치료가 된다 하더라도 일본 경찰이 살려둘 리 없었다. 박재혁은 살아서 왜놈들에게 수모를 당하느니 차라리 죽는 편이 낫다고 결심했다. 그날부터 단식을 시작한 그는 마침내 숨을 거두었다.

일본 경찰은 억지로라도 밥을 먹이려 여럿이 달려들어 강제로 입을 열어 밥을 처넣으려 했으나 박재혁의 굳게 다문 입을 도저히 열 수 없었다. 먹지도 마시지도 않던 그는 꼬박 아흐레 만에 마침내 장렬한 최후를 마친 것이다. 이 위대한 박재혁 열사의 죽음에 머리를 숙이지 않을 수 없다.[82]

위) 대구 복심법원(고등법원) ⓒ 구글
중간) 1920년대 경성고등법원 ⓒ 구글
아래) 1920년대 대구형무소 청사 ⓒ 대구교도소

▶

죽음이 두렵지 않은 의사의 신념

순국과 그 이후

왜놈 손에 목 졸리기보다 단식으로 순국

박재혁이 사형선고를 받고 순국의 날을 기다리고 있던 5월 초 어느 날 절친이면서 오랜 동지인 최천택이 대구감옥으로 찾아왔다. 철창을 사이에 두고 두 사람은 마주 앉았다. 부산경찰서 투탄 사건 이후 8개월 만이다.

만감이 교차되는 만남이었다. 최천택은 삶은 달걀꾸러미를 친구의 영양보충을 위하여 준비하였다. 당시 달걀은 최고의 보양식품이었다. 그러나 고문과 부상으로 피골이 상접한 박재혁은 달걀을 받지 않았다. 여러 날째 단식 중이었기 때문이다.

"왜놈들의 손으로 목이 졸리기 싫어 며칠 채 단식 중이라네. 이제 내 사명은 다하였으니 여한이 없네. 어머님과 동생을 부탁하네."

박재혁은 극한적인 상황에서도 또렷하게 친구의 음식을 거절하면서 단식 → 순국의 의지를 밝혔다. 그리고 의열단원으로서의 사명, 아니 한국 청년의 소명을 다했으니 이제 당당하게 스스로 죽음의 길을 택하겠다는 의지를 보였다.

최천택은 더 이상 준비해 간 달걀을 권하지 않았다. 권할 수가 없었다. 그에게는 박재혁이 성자처럼 보였다. 단신으로 서장실에 들어가 서장에게 폭탄을 터뜨린 것이나, 그토록 참혹한 고문에도 끝내 동지들의 이름을 거명하지 않은 것이나, 며칠씩이나 허기진 배를 움켜

쥐고 까지 단식을 결행하는 개결한 모습은 바로 성자의 모습이었다.

최천택은 간수에게 떠밀려 다시 면회 오겠다는 말을 남기고 대구감옥을 나왔다. 그것이 마지막의 만남이었다. 그로부터 며칠 후 새벽, 좌천동 자택에서 자고 있는 데, 박재혁 노모의 숨넘어가는 듯한 목소리에 문을 열었다. 어둠 속에 내민 것은 한 통의 전보였다. 박재혁이 11일 새벽 5시경 사망했다는 내용이 담겼다.

최천택은 서둘러 박재혁 어머니를 모시고 대구감옥으로 갔다. 동지의 죽음을 확인하고 시체라도 인수하기 위해서였다. 노모는 이미 실신상태여서 간신히 인도하여 대구감옥에 이르렀다. 56년 전인 1864년 3월 동학 교조 수운 최제우를 혹세무민의 죄를 씌워 교살했던 곳이다. 최제우는 부패 타락한 조선왕조에 맞서 만민평등과 후천개벽을 내세우며 민족종교 동학을 창도했다가 주자학의 집권세력에 이단으로 몰려 처형되었다. 이곳에서 박재혁 의사는 27세의 젊음을 조국해방을 위해 불태우다가 순국한 것이다.

최천택이 박재혁의 노모를 모시고 시신을 인수하러 다시 대구감옥에 갔을 때 한 간수가 울음을 삼키면서 자신에게 다음과 같은 말을 전했다고 기록에 남겼다.

박 선생님은 자기의 명을 알고 계시는 것 같았습니다. 실은 오늘 12시에 박 선생님을 사형하라는 일본 사법성의 전보가 왔습니다.(『소정 최천택 선생 투쟁사』)

이 같은 기록으로 보아 총독부는 본국 정부 사법성으로부터 사형 집행일까지 통고를 받을 만큼 박재혁 의사를 국사범으로 취급하고 사형을 집행하고자 했던 것이다. 박재혁 의사는 이런 정황을 예견하고 일제의 마수가 닥치기 전에 2주일 정도의 단식으로 자진 순국의 길을 택하였다. 1921년 5월 11일 오전 11시 20분경이다.

"대구에 수감 중인 박재혁은 병사" 박재혁 의사 순국 기사 박재혁 의사는 5월 11일 옥중 단식으로 순국하였다. 14일 부산진역에 도착한 박 의사의 유해 앞에 최천택을 비롯한 동지들과 친척, 부산시민들이 애도를 표하였다. <동아일보>(1921년 5월 17일) ⓒ 개성고등학교 역사관

박 의사의 순국 소식은 신문에 보도되었다. <동아일보>는 1921년 5월 17일 자에서 "대구에 수감 중인 박재혁은 병사"라는 제목으로 "폐병으로 11일에 사망"이라고 보도했다. 대구감옥 측에서 '폐병 사망'이라는 보도자료나 설명을 했을 터이고, 신문이 그대로 받아 쓴 것이다. 박 의사가 거사 이전이나 수감 중에 폐결핵을 앓았다는 기록은 어디에서도 찾기 어렵다. 일제는 독립운동가들의 옥사나 고문사 등을 이런 식으로 호도하였다.

최천택과 박 의사의 노모는 대구감옥에서 유해를 인수하여 부산진역으로 운구해 왔다. 박 의사는 시신이 되고서야 정든 고향으로 돌아올 수 있었다. 역 앞에는 의사의 순국 소식을 듣고 찾아온 친척·동

지들뿐만 아니라 친구들·동문·부산시민 다수가 나와 애도를 표하고 더러는 눈물을 뿌렸다.

〈동아일보〉는 같은 날짜에서 당시의 상황을 다음과 같이 보도했다. "대구감옥에서 오직 죽을 날을 기다리던 부산서 폭탄범인 박재혁은 지난 십일일에 그 감옥에서 사망하였는데, 그 시체는 십사일 오후에 고향인 고관(古館)정거장에 도착하였는데 정거장에는 그 친척과 친구가 다수히 나왔으며 부산경찰서에서는 다수의 경찰이 출장나와서 무서운 폭탄 범인의 시체까지 경계하였더라"

일제는 박재혁 의사의 장례식까지 엄격하게 통제하였다. 부산진 좌천동 공동묘지에서 거행된 장례식은 남자 2명과 여자 3명의 가족과 친지만 참여케 하고, 심지어 입관 때에도 인부 2명만 사용토록 하고 유족의 참석까지 막았다. 일제가 박 의사를 얼마만큼 증오하고 그의 행적을 사후까지 두려워했던가를 보여준다. 박 의사의 유해는 이날 좌천동 공동묘지에 묻혔다. 그리고 신문의 보도대로 '경찰서 폭탄 범인'의 죄목으로 공동묘지에 묻힌 채 긴 세월 방치되었다.

엄혹했던 시절 오로지 조국의 해방을 위하는 일념으로 27세의 생을 불살랐던 박재혁 의사에게는 꽃 한 송이도 십자가도 없는 공동묘지의 초라한 무덤밖에 허용되지 않았던 것이다.

프랑스가 나치 점령하에 있을 때 지하 유인물인 『프랑스문학』을 발간하며 나치와 싸웠던 레지스탕스의 작가 끌로드 모르강(Claude Morgan)은 「꽃도 십자가도 없는 무덤」을 지었다. 이 시를 박재혁 의사의 영전에 바친다.

　　　　　　　　　　　　　　　　순국과 그 이후

부산진공동묘지의 박 의사 산소. 일제하에서 義士라 쓰지 못하다가 광복 후 최천택, 오택, 김인태, 김원봉 등이 '고 박재혁지묘' 쓴 목비를 세우고 눈물로 참배했다고 한다. 사진은 동지 오택(앉은분)이 광복 전 산소를 참배한 후 모습 ⓒ 개성고등학교 역사관

꽃도 십자가도 없는 무덤

몸짓도 없고, 꽃도 없고
종소리도 없이
눈물도 없고, 한숨도 없이
사나이답게
너의 옛 동지들
너의 친척이
너를 흙에 묻었다.
순난자(殉難者)여.

흙은 너의 영구대(靈柩臺)
꽃도
십자가도 없는 무덤
오직 하나의 기도는
동지여
복수다, 복수다.
너를 위해….

공정하지 못한 건국훈장 독립장

의열지사들의 희생과 헌신으로 1945년 8월 15일 일제는 패망하고 조국은 해방이 되었다. 국가는 긴 세월 암흑에 묻혔던 순국선열들에 대해 관심을 갖게 되고 조명이 이루어졌다.

박재혁 의사도 그중의 한 분이었다. 박 의사의 유해는 좌천동 공동묘지에서 소멸되기 2일 전 양자(養子) 박기동과 여동생 박명진이 국가보훈처에 신고하여 가까스로 1969년 4월 7일 국립현충실에 안치했다가 동년 10월 20일에 국립현충원에 안장하였다. 1962년 건국훈장 독립장을 추서 받았으나 산소는 그대로 방치해 두었다. 일제강점기 시대에는 '故 朴載赫 之墓' 목비만 있다가 광복 후 최천택 선생 등이 '고 박재혁 의사지묘' 목비를 세우고 참배를 했다고 한다. 아울러 최천택 투사 등 좌천동 유지들이 '의사 박재혁 비'를 1975년에 정공단에 세우고 합사를 지내다 1981년 모교인 부산진초등학교 개교 70주년을 맞아 모교 교정으로 이전 건립하였다. 사후 반세기 만에 혼령이나마 대우를 받을 수 있게 되었다.

하지만 서훈의 격이 박재혁 의사의 살신보국의 공훈에 비해 크게 미치지 못하였다. 연대별 주요 독립의열사들의 사건 일지와 훈격을 살펴보자.

1. 안중근 의사 : 1909년 10월 26일 만주 하얼빈에서 이토 저격(건국훈장 대한민국장)

2. 박재혁 의사 : 1920년 9월 14일 부산경찰서장 하시모토 처단 - 의열단(건국훈장 독립장)

3. 최수봉 의사 : 1920년 12월 26일 밀양경찰서 폭탄 투척 - 의열단(건국훈장 대통령장)

4. 나석주 의사 : 1926년 12월 28일 동척 폭탄 투척 - 임정, 의열단 (건국훈장 대통령장)

5, 이봉창 의사 : 1932년 1월 8일 일왕 마차에 폭탄 투척 - 임정(건국훈장 대통령장)

6, 윤봉길 의사 : 1932년 4월 29일 홍구공원 일제요인 폭탄 투척 - 임정(건국훈장 대한민국장)

7. 유관순 열사 : 1919년 4월 1일 '천안 아우내 만세운동 주동(건국훈장 독립장) 2019년 3월 건국훈장 대한민국장으로 서훈 승격

예시한 여섯 분의 의거는 하나 같이 일제 침략의 원흉을 저격하거나 폭살 또는 통치·수탈기관에 투탄한 독립운동사의 샛별과도 같은 투쟁이었다. 의사들의 살신보국으로 일제의 간담을 서늘하게 하고, 동포들의 독립정신을 크게 일깨웠다.

당연히 해방된 조국에서는 의열사들에 최고의 영예와 훈격을 추서함으로써 민족정기의 맥을 잇고 사회정의를 실현해야 옳다.

이승만·박정희 정권기에 친일경력자들이 보훈심사위원으로 참여하는 웃지 못할 '역사의 만가'가 있었고, 그들의 손으로 진짜 독립운동가들은 훈격이 크게 낮아진 대신 이승만 추종자 중에는 최고훈장인

박재혁 의사 건국훈장 독립장 사본 ⓒ 개성고등학교 역사관

건국훈장 대통령장을 받은 사례도 있었다. 박재혁 의사의 훈격은 공정하지 못하다는 평가가 따른다.

박 의사 의열투쟁의 역사성

박재혁 의사의 의거는 몇 가지 점에서 재조명되고 박 의사의 투쟁은 재평가되어야 한다. 첫째는 일제의 무자비한 탄압으로 3·1혁명이 좌절 또는 침체기에 빠졌을 때 박 의사의 의거는 독립운동 진영에 새로운 희망과 용기를 불러주고 국내외에서 무장투쟁의 계기를 만들었다. 의거 직후인 1920년 10월 청산리전투 등에 직간접적인 영향을 주었다.

또한 1921년 2월 16일 양근환 의사가 도쿄에서 친일파 민원식을 사살한 사건, 7월 25일 안용도 의사가 지휘하는 의용대가 홍원군청을 습격하여 일본군과 교전 끝에 일경 2명 사살, 9월 26일 부산 부두노동자 총파업 단행 등이 이루어졌다. 이 해 한 해 동안 국내에서만 일본경찰서 습격사건이 91건이 발생할 만큼 박 의사의 부산경찰서 투탄사건은 항일투쟁의 새로운 불꽃이 되었다.

둘째는 의열단에 새로운 투지와 활력을 불어넣었다. 의열단은 첫거사가 좌절된 이후 침체상태이다가 박 의사의 거사 성공으로 용기충전하여 폭렬투쟁을 줄기차게 전개하였다. 의열단은 1920년 12월 최수봉의 밀양경찰서 투탄, 1921년 9월 김익상 등의 조선총독부 투탄, 1922년 3월 김익상·이종암 등이 상하이 황포탄에서 다나카 일본육군 대장 저격, 1923년 1월 김상옥의 종로경찰서 습격과 일경과 총격전, 1923년 3월 김시현 등의 두 번째 총독부 폭파 준비, 1924년 1월 김지섭의 일왕궁 2중교 투탄, 1925년 3월 베이징에서 일본 밀정 김달하 처단 등 크고 작은 혹은 성공하고 실패한 의열투쟁이 계속되었다.

셋째는 일제에게 조선통치가 결코 만만치 않음을 보여주었고, 조선인의 자주독립 정신을 내외에 과시함으로써 저항정신·의열투쟁의 맥락을 민족사에 남겼다. 멀리는 안중근 의거로부터 박재혁 의거로 이어지는 항일투쟁의 국혼이 살아 있음을 보여주었다.

독일의 반나치 저항작가 베르톨트 브레히트는 "없어서는 안 될 사람이 죽으면 세상 사람들은 아이에게 먹일 우유가 없는 어머니처럼 주위를 둘러 볼 것"이라고 썼다. 박재혁 의사는 우리나라 독립운동사에서 '없어서는 안 될' 인물이다. 다음은 브레히트의 「강력한 애국자의 사망 소식을 들으며」이다.

없어서는 안 될 사람이 기침을 하면
세 개의 제국이 흔들린다.
없어서는 안 될 사람이 죽으면
세상 사람들은 아이에게 먹일 우유가 없는
어머니처럼 주위를 둘러볼 것이다.
없어서는 안 될 사람이 죽은 지 일주일 뒤에

다시 돌아오면

이제는 제국의 어디에도 그를 위한

문지기 자리 하나 없을 것이다.

헌 사

박재혁 의사 유방(遺芳)을 추모하며

남국의 태양이 타는 정열의 바다

현해탄의 파도는 백호(白虎)같이 뛰건만

나라를 쫓기는 겨레의 눈물로 짜고

망명하는 지사들의 원한에 천(千) 길이 깊은

슬프게도 사랑하는 고향 부산을 바람처럼 해외로 날던 청년의

옷자락이여

그리고 동지들의 밀왕래를 노리는 항마(港魔)에게

책 보따리에 감추고 돌아온 벼락의 선물이여!

수더분하게 꾸민 중국인 서상(書商) 하나

고국을 다시 보는 그의 눈은 맑은데

항상 거친 바다도 푸른 거울 낯으로

우거진 송림도 반겨주는 용두산에서

그리운 동창이며 믿는 동지 최 씨와

내일이면 죽을 몸을 사진 찍던 그 정경이여

그 하룻밤은 대담하게 코를 골고
이튿날 9월 2일엔 경찰서를 방문하여
서장실에서 책 사라는 진기한 면담
"중국이 책 자미 호왈라, 자고로 천하제일
일본이 영감 스까베 내가 알아 있어
이거 중국이 와이본 금병매(金瓶梅) 진짜 있어…"
그러다 폭탄 한 개를 썩 꺼내 들고
유창한 일어로 추상같은 사형선고!

널 죽이고 나도 죽자는 일발의 장거
피아 2척 간에 터뜨린 청천벽력이여
서장은 피투성이, 마침내 거꾸러지고
아 – 의사 또한 상한 채 적에게 잡혀

욕된 사형을 깨끗이 면하려고
일편단심으로 단식 12일
"이 몸이 죽어 죽어 나라만 사는 날엔
내 목숨 다시 살아 만세 부르리"
그 거룩한 스스로의 만가로
순국의 길을 고요히 찾아가다![83]

국립현충원 박재혁 의사 묘소의
앞면과 뒷면. 뒷면에 순국 일자
가 4월 23일로 잘못 표기되어 있
어 수정이 필요하다.
ⓒ 개성고등학교 역사관

순국과 그 이후

유족과 추모사업

유족 그리고 선양사업

해방 후 독립운동가 유족과 후손 대부분이 그렇듯이 박재혁 의사 유족의 경우도 다르지 않았다. 어머니는 아들의 순국 후 충격으로 눈도 잘 안 보이는 가운데 일제의 감시와 사회의 냉대 속에서 힘겹게 살다가 부산시 사하구 신평동 전세방에서 해방 후에 별세하였다.

박 의사의 여동생 명진(明振)은 1909년 1월 11일 오빠와 14세 터울로 부산에서 태어났으나 그해 12월 10일 아버지의 사망으로, 어머니가 삯바느질로 두 남매를 키웠다.

어머니는 아들의 순국 후 자신의 사후에 아들의 제사라도 지내주라며 먼 집안 친척 박기동(朴基東)을 사후 양자로 입양시켰다. 양자는 부산에서 조그마한 과자공장을 운영했는데, 한동안 양어머니를 모시고 살았다고 한다. 박기동은 정평(正平)과 정천(正仟) 두 아들을 두었다.

11세 때에 오빠의 의거와 순국을 겪은 동생 명진은 어릴 적부터 총명하고 어머니의 각별한 보살핌으로 동래여고를 다니고, 고등학교 재학 때 선교사가 호주로 유학을 보내려고 주선하였으나 어머니를 혼자 두고 떠날 수 없어서 무산되었다. 명진은 20세이던 1929년 경남 양산의 만석꾼이며, 한말 경남지역 의병대장 서병희에게 군자금(현 액수로 50억 원 상당)을 지원한 김병희·김교상 부자의 장손인 김정훈과 결혼하였다. 오빠의 정신을 이어 의병 관계자와 혼인을 한 것이다. 남편 김정훈은 1946년 1월 27일 경남 양산에서 사망하고 박명진

박재혁 의사 생가 부근 독립운동가 골목 모습. 2018년 초 누군가에 의해 크게 훼손되어 현재 하얀페인트로 덮여있다. ⓒ 개성고등학교 역사관

유족과 추모사업

박재혁 의사 모교인 부산진초등학교 교정에 있는 기념비-동지 최천택 의사 참배 후 ⓒ 개성고등학교 역사관

은 1987년 8월 10일 부산 사하구 신평동에서 사망하였다. 김병희·김교상 부자의 독립운동은 현재 독립유공자로 신청 중이다.

김정훈·박명진 부부의 손녀인 김경은 씨가 현재 박 의사의 유일한 혈족으로 부산에서 할아버지의 기념사업을 위하여 노력하고 있다. 박 의사의 순국 소식을 전한 〈부산일보〉 호외도 김경은 씨가 할머니로부터 전해 받은 유품 속에서 발견되어 세상에 알려졌다.

박 의사의 모교인 개성고등학교는 해방 후 가장 먼저 교내에 항일운동기념관을 설치하고, 박 의사의 의거를 알리는 각종 자료를 수집·전시하였다.

개성고등학교(옛 부산상고) 동창회는 1998년 4월 임시정부 수립 기념일을 맞아 부산진구 부전동 503번지 현, 부산 롯데백화점 호텔 롯데부산이 있는 부산상고 부지를 매각할 때 동창회에서 박재혁 의사 동상을 건립할 것이니 건립비를 지원해 달라는 요청에 따라 롯데그룹에서 약 4억원을 지원함에 따라 부산상고 동창회, 삼일동지회 내 박재혁 의사기념사업회, 여동생 박명진의 아들 김갑경 씨 등이 주선하여 부산진구 초읍동 어린이대공원에 박재혁 의사 동상을 건립하고 1998년 5월 12일 제막식을 가졌다. 이후 추모제는 3·1동지회에서 주관하여 현재까지 매년 5월 12일에 거행하고 있으나 앞으로는 박 의사 순국일인 5월 11일에 거행하는 것이 바르다고 생각한다.

이렇게 제작된 박 의사 동상 시설물은 부산시에 기증하였다. 청동으로 만들어진 박 의사의 동상은 높이 6.5m(좌대 높이 3.4m 포함)규모로 조각가 한인성(부산대 미술학과) 교수가 제작을 맡았다.

동상에 새긴 비문과 동상 건립 연유문 그리고 헌시는 다음과 같다.

건립취지문

우리는 유서 깊은 이 백양산 기슭에 박재혁 의사의 동상을 세워 그 숭고한 애국 충절을 길이 우러러보려 한다. 박 의사는 부산 범일동에서 태어나 어릴 적부터 총명과 담력이 뛰어났다. 이후 부산상업학교 재학시절부터 독립운동 단체에 참여하다가 졸업 후 중국 상하이로 건너가 망명 중인 독립투사들을 만나 3대 독자의 몸을 항일 구국의 제단에 바칠 것을 결심하였다.

3·1독립운동 직후 의열단에 가입하여 단장으로부터 폭탄을 받아 환국하여 부산경찰서를 폭파하고 서장에게 중상을 입힘으로써 일본 제국주의자들의 간담을 서늘케 하였다. 현장에서 피체, 원수의 법정에서 사형선고를 받았으나, 왜놈의 손에 죽임을 당하기보다는 차라리 스스로 목숨을 끊겠다고 단식으로 옥중에서 순국하니 향년 27세

요 때는 1921년 5월 11일이었다. 하늘이 무심치 않아 마침내 조국이 광복되어 건국훈장 독립장이 추서되고 국립묘지로 이장되니 선열에 대한 보답이라 하겠다.

박 의사의 시종여일한 애국 충정과 백절불굴의 굳은 지조는 겨레의 역사와 더불어 영원하리라.

만고의 충절 박재혁 의사 동상 건립 연유문(緣由文)

부산시민의 정성과 뜻을 모아 박재혁 의사님의 애국정신을 받들어 동상이 이곳에 우뚝 자리 잡기까지 연유를 여기에 새겨 박재혁 의사님을 추모하는 시민의 마음이 세세연년 이어지기를 바란다.

1921년 5월 14일 박재혁 의사님의 운구가 부산진역에 도착하자 시민과 함께 피눈물로 통곡하신 의사의 거사 동지이신 소정 최천택 선생님이 좌천동 동산에 정성껏 모신 이후 1969년 국립현충원에 이전 안장되었고, 1998년 부산시민과 부산상업고등학교 총동창회와 3·1동지회 회원들이 박재혁 의사님의 동상을 이곳에 모시게 되었다.

1996년 3월 1일 　　　3·1동지회(회장 옥영진)부설 '박재혁 의사
　　　　　　　　　　 기념사업회(회장 최해군)를 설립하고
　　　　　　　　　　 의사님의 생질 유족회 회장(김갑경) 선임

1996년 3월	부산시 문화발전위원(22명)과 4차 회의를 거쳐 장소 선정은 박재혁 의사 기념사업회, 유족회 회장(김갑경)과 3·1동지회 사무국장(오장수)에 위임
1996년 8월	박재혁 의사 동상 건립 장소 답사 후 어린이 대공원 현 위치 선정
1997년 11월 25일	부산광역시에서 동상 건립 확정함 동상 건립 기금은 롯데그룹에서 헌증
1998년 5월 12일	박재혁 의사 동상 준공 제막식 추모제는 사단법인 31동지회 부설 기념사업회에서 매년 봉행
표지석건립위원	최해군 김창식 한인성 서봉수 장안일 오장수 신봉환 김형호 김현구 최낙춘 조귀환 변동헌 부산상업고등학교 (현 개성고등학교)총동창회

유족과 추모사업

위) 96주기 박재혁 의사 추모제

아래) 2018 총동창회 등산대회. 현 개성고 동문들은 매년 등산대회 시 박재혁 의사 추모제 거행 후 실시하고 있다.

ⓒ 개성고등학교 역사관

헌 시

박재혁 의사 동상 비문

하느님이 백두에 내려 삼천리를 일구셨네
흰 옷을 즐겨 입던 의사 이 땅을 지켜 왔다
이제사 우리도 알리
임을 닮아 살리라

김무조 짓고

김영조 쓰다

동상설계 : 한인성

　그동안 부산을 대표하는 독립운동가 박재혁 의사가 잊혀져가서
안타깝다는 여론이 일고, 박 의사에 대한 재조명을 위해 각급 학술세
미나 개최, 동의과학대학교 학생들이 박 의사 연구 결과로 나온 만화
식 그림, 또 KBS 1TV 부산방송총국, CJ헬로비젼 등에서 방영한 박
의사의 의거 내용, 부산연극협회에서 2014년 4월 연극 '불꽃의 청년
박재혁' 연극공연, 동화작가가 쓴 최근에 발간된 박재혁 동화집, 신문
사 등에서 제기한 생가 복원문제, 기념관과 건립을 해야 된다는 주장
의 언론보도, 부산 동구청에서 박재혁 의사 거리 조성 및 독립운동가
골목 지정, 그리고 지난 2018년 11월 16일 부산 동구를 빛낸 독립운동
가 기림벽 건립 등이 진행되었으며, 부산광역시교육청에서는 2017년

중학교 교재용으로『부산의 재발견』(190쪽, 박재혁 의사 123쪽)을 발행하여 부산의 전 중학교에 인성교육자료로 보급하였으며, 2018년에는 초등학교 인성교육 자료로『부산의 인물』(123쪽, 박재혁 의사 32쪽~35쪽)을 발행, 역시 부산의 전 초등학교에 보급하였다. 부산지방보훈청에서는 2018년 부산의 독립운동가로 박재혁 의사를 포함 6명을 선정하여 기념우표를 발행하여 자랑스러운 독립운동가들의 희생과 애국정신을 기리었다.

박재혁 의사의 모교인 개성고등학교(부산상고)와 총동창회에서는 '박재혁 의사 평전' 발행(본 책자)과 교정에 '박재혁 의사 흉상 건립', 학교 역사관 내에 '박재혁 의사 특별전시관'을 건립하여 박재혁 의사의 숭고한 희생과 애국정신을 기리고 있다.

박재혁 의사 공적 내용

생존기간 : 1895. 5. 17~1921.5.11
출생지 : 부산 동구
운동계열 : 의열단
훈격(연도) : 독립장(1962)

| 공적내용 |

부산사람이다. 부산진보통학교(釜山鎭普通學校)와 부산공립상
업학교(釜山公立商業學校)를 졸업하고 부산전기회사 전차 차장으로
있었고 왜관(倭館)에서 무역상회의 고용인으로 일하던 중 1917년 6
월 주인으로부터 자본금 700원을 얻어 상해로 가서 무역업에 종사하
다가 1918년 6월 귀국하였다.

그는 보통학교와 상업학교 동창인 동지 최천택(崔天澤)에게 조국
을 위하여 목숨을 바쳐 투쟁할 것을 말하고 기회를 노리던 중 1919
년 3·1혁명이 일어나자 다시 상해로 가서 중국 각지와 싱가포르 등
지를 돌아다니며 무역을 하는 한편 여러 독립투사들과 교제하였다.

1920년 3월에 귀국하였다가 8월에 상해로 가서 김원봉을 만나 군
자금 300원을 받아 부산경찰서를 파괴하고 그 서장을 사살할 것을 계

획하였다. 동년 9월 상순 폭탄을 휴대하고 상해를 떠나 동월 6일 부산에 상륙하였다. 그는 다음날 오후 2시 30분에 고서 보따리로 위장한 폭탄을 등에 지고 경찰서로 서장을 찾아 서장과 탁자 하나를 사이에 두고 마주 앉아 몇 마디 환담을 한 후 고서를 꺼내는 척하면서 폭탄을 꺼내 들고 서장을 유창한 일본말로 꾸짖고 폭탄을 던져 폭발시키니 서장은 부상을 당하고 그도 중상을 입은 채 피체되었다.

그는 모진 악형 끝에 기소되어 부산지방법원에서 무기징역 언도를 받고 공소하여 1921년 2월 14일 대구 복심법원에서 사형을 언도받자 다시 상고하여 1921년 3월 31일 경성고등법원에서 다시 사형을 언도받아 형이 확정되었다. 대구형무소에 수감된 그는 혹독한 고문과 폭탄의 상처로 몹시 신음하다가 폐병까지 생겨 고통이 심하므로 '왜적(倭賊)의 손에 욕보지 않고 내 손으로 죽자'하고 단식하다가 형 집행 전에 옥사 순국하였다.

정부에서는 고인의 공훈을 기리어 1962년에 건국훈장 독립장을 추서하였다.

| 공적 내용 기록 자료 |

·고등경찰요사 98. 102면
·기려수필 295. 304면

·무장독립운동비사 181면

·명치백년사총서(김정명) 제2권 10면

·박은식전서(상) 665면

·한국민족운동사료(중국편)(국회도서관) 488면

·한국독립운동사(문일민) 214.362.459면

·한국독립사(김승학) 하권 147면

·독립운동사(국가보훈처) 4권 747면

·독립운동사(국가보훈처) 7권 317면

·독립운동사(국가보훈처) 8권 711면

·독립운동사(국가보훈처) 11권 11, 114, 202, 204면.

덧
붙
이
는
몇
마
디

이제까지 변변치 못하지만 인물평전 30여 권을 썼다. 대부분 우리나라 근현대사를 주름잡은 인물이거나 독립운동가 또는 민주화운동가와 비판적인 정론의 지식인(언론인)이다. 예외라면 백범 김구 선생의 암살 하수인 안두희가 들어있을 뿐이다. 그자는 이승만 정권의 실체를 알리기 위해 포함시켰다.

그런 중에 이번에 쓴 박재혁 의사의 평전이 가장 힘들었다. 110년 만의 폭염 속에서 땀깨나 흘리고 마무리 단계에서 병원의 신세를 져야 했다.

대부분 평전의 대상은 자료와 증언이 넘치고 쌓였다. 하지만 박재혁 의사의 경우는 스토리가 지극히 짧고 단순했다. 부산공립상업고등학교 → 비밀항일운동 → 상업종사 → 의열단 가입 → 하시모토 부산경찰서장 처단 → 사형선고와 27세의 순국으로 진행된 스토리는 논문 한 편을 쓰기에도 자료가 턱없이 모자랐다. 증언이나 문헌도 없었다.

뿐만 아니라 지방에서 일어난 거사인 관계로, 그동안의 독립운동사 연구는 단 몇 행(行)으로 박 의사의 의거를 기록하거나 아예 제외

시켜 버린 경우가 많았다.

박 의사는 단신으로 적의 소굴로 들어가 폭탄을 던진 것이 아니라, "왜 의열단이 하시모토 서장을 처단하는가"를 본인에게 설명한 연후에 그에게 민족적인 응보의 폭탄을 던졌다. 그것이 의열단의 지침이었다. 적장의 면전에서 투탄 행위 곧 자폭을 의미한다.

해방 후 부산을 찾은 김원봉은 "살아서 돌아올 수도 있었을 터인데, 하시모토에게 죽이는 이유를 설명해주라"는 의열단의 지침으로 소중한 동지를 잃게 되었다고 통회하였다.

수많은 독립운동 관련 기록과 자료를 뒤졌지만 박 의사 관련 내용은 어디에서도 찾기 어려웠다. 자신도 기록을 남기지 않았고, 사형선고 며칠 후 단식으로 순국하였으므로 옥중 '동기생'들의 증언도 없었다. 그래서 '토막 자료'도 찾기 어려웠다.

하여, 박 의사의 짧은 생애 중에 우리나라 독립운동과 관련한 당시의 사력(史歷)을 배경으로 설치하고, 주인공을 대입시키는 방식을 취하였음을 밝힌다. 그러다 보니 다소 현실감이 미치지 못한 경우도 많았을 것이다. 읽는 분들의 이해를 구하고 싶다.

하지만 박 의사의 행적이 단순하다고 해서 그의 업적이 단순하거나, 의거 자체를 소홀히 해서는 안 될 것이다. 박 의사는 의병부대나 독립군이 하기 어려운 일을 단신으로 수행하였다. 앞에서도 썼지만 하시모토 처단 후 국내외에서 무장투쟁과 의열투쟁이 활발하게 전개되고 항일전에 다시 불이 붙었다.

더욱이 박 의사의 의거는 역대 의열사 중에서 가장 연소한 나이의

덧붙이는 몇 마디

박재혁 의사 동상 ⓒ 개성고등학교 역사관

거사였다. 젊은 나이에도 불구하고 대담한 거사나 의연한 처신 등은 식민지 시절 한국 청년의 기상을 보여주었다. 우리 의열사 전(傳)에서 손색이 없는 분이다.

나라의 사정이 정상적이었다면 해방 후 해방정국은 애국자와 친일파로 구별되고, 선양과 처벌이 동시적으로 이루어졌어야 함에도 미 군정의 실시에 이어 등장한 이승만 정권이 친일세력이 중용하면서 애국자와 순국선열들은 설 땅을 찾기 어려웠다. 그런 가운데 의열단의 성망을 차용하려는 정치사회 단체가 몇 개나 나타났으나 막상 의열단의 순국지사들을 기리는 일은 나타나지 않았다.

해방 후 김원봉은 임시정부 요인 제2진으로 환국하였다. 격동기여서 그 역시 분주한 나날을 보내면서도 고향을 찾고 부산에서는 대규모 시민환영대회에 참석하여 강연을 하였다. 그 무렵 김원봉의 명성과 함께 의열단의 명칭을 이용하려는 단체가 생겨났다. 이와 관련 김원봉의 석명이다.

최근 조선의열단이니 의열청년회니 의열동지회니 하는 것이 있다고 들었는데 이는 옛 조선의열단과는 하등의 관계가 없는 것이다. 조선의열단은 1919년 해외에 있는 대한독립단, 조선혁명단, 신한독립단 등 여러 단체가 조직한 것으로 그 후 조선민족혁명당이 되었다가 다시 1945년에 발전적으로 해소를 한 것이다. 그러므로 요새의 것은 그때의 것과 성질도 다르며, 그 당시의 관계자들은 이와 관계가 없는 것이다.[84]

덧붙이는 몇 마디

박재혁 의사는 사형 집행일을 앞두고 단식으로 스스로의 명을 마감하면서, 조국 아일랜드를 점령 중인 영국 정부에 맞서 싸우다 반역죄로 몰려 처형당한 로버트 에밋(1778~1803)의 심중과 다르지 않았을 것이다.

에밋은 압제자들에게 감형을 사정하거나 주장하기는커녕 자신의 정당성을 믿으면서 다음과 같은 최후진술을 남겼다.

나는 이제 춥고 쓸쓸한 내 무덤으로 가렵니다. 무덤이 나를 받아들이려고 열리는 순간 미련 없이 그 품에 뛰어들렵니다. 하지만 이 세상을 떠나기 전에 한 가지 청이 있습니다. 다름이 아니라 침묵의 자비를 베풀어 주십시오.

다른 시대와 사람들이 나의 인격을 공정하게 평가할 수 있을 때까지 나의 동기와 내가 망각과 평화 속에서 쉴 수 있게 해주십시오. 나의 조국이 지상의 다른 나라들 틈에서 제 자리를 찾을 때, 그때는 나의 비문을 써도 좋습니다.[85]

순절하게 살다가 곱디고운 스물일곱 살 청춘을 조국해방전선에서 바친 박재혁 의사. "조국이 제자리를 찾은" 지도 70여 년이 지나고 순국한 세월도 1세기가 되는 지금, 많이 늦었지만 이제라도 맑은 이슬로 먹을 갈아 비문을 새로 쓰고, 이를 바탕으로 추모가를 짓고, 각종 기념사업을 벌여야 한다.

생가를 복원하여 시민의 산 교육장으로 활용하고, 이와 함께 생가 부근에 기념관을 건립하여 박 의사를 비롯 부산·경남지역 독립운동 기념관으로 만들고, 애국혼이 깃든 모교나 부산 중심가에 우뚝한 동상을 세우고, 의거 현장에는 포효하는 박 의사의 입상(立像)을 세우며, 부산시는 의사의 순국일을 '박재혁 의사 추념일'로 지정하고, 부산교육청은 '박재혁 의거 문예상'(가칭)을 제정하여 청소년들의 애국심을 키웠으면 한다.

뜻 있는 분들이 3·1절이나 광복절을 계기로 영화와 연극을 제작하고, 10월 상달 맑은 날을 택해 정부 주도로 박재혁 의사를 비롯, 의열사들의 영원한 안식과 유업을 기리는 추모제전을 열었으면 한다.

민족이 가장 어려웠을 때 생명을 바쳐 싸우다 가신 의열사의 정신은 아무리 기려도 모자라지 않을 것이다.

박 의사가 생전에 즐겼던 격언에서 그의 인격을 살피게 한다. 몇 대목을 소개한다.

大丈夫義氣相許 小嫌不

대장부 의기는 서로 믿음에 있으니, 작은 거리낌도 끼어들 수 없다.

一葉落而 知天下寒

잎새가 하나 지니 천하가 추워짐을 알겠다.

世間好物堅牢 彩雲易散琉璃碎

세상인심은 굳고 단단함을 좋아하나, 색깔구름은 쉬 흩어지고 유리는 쉬 부서진다.[86]

그동안 읽어주신 모든 분께 감사의 말씀을 올린다.

미주

1   두산백과사전

2   박철규, 3·1운동 100주년기념 학술대회 부산광역시청 주최, 『부산의 3·1운동과 항일
     독립운동의 재조명-3·1운동 직후 부산지역의 의열 투쟁』, 109쪽, 2018. 10. 30.

3   함석헌, 『수평선 너머』, 133~134쪽, 일우사, 1961.

4   박철규, 「3·1운동 직후 부산지역의 의열투쟁」, 『부산의 3·1혁명과 항일독립운동의
     재조명』(자료집), 주최, 부산광역시, 2018.

5   김홍주, 『소정 최천택 선생 항일독립운동 이야기, 깊은 산 먼 울림』, 22쪽, 배달,
     1993. (이후 『깊은 산 먼 울림』 표기)

6   김홍주, 앞의 책, 26~27쪽.

7   김삼웅, 『일제는 조선을 얼마나 망쳤을까』, 233~234쪽, 사람과 사람, 1998.

8   김도형「독립운동가 박재혁」, 『이달의 독립운동가』, 국가보훈처, 2012. 2.

9   최천택, 「일제하의 독립투쟁기」, 『부산의 고금』(박원표 저, 수록), 142~143쪽.

10   김승, 「박재혁 의사의 의열단활동과 독립운동」, 「부산 항일학생의거 74주년, 광복
     69주년 기념 전국학술세미나」 발표논문, 2014년 11월 21일.

11   개성고등학교·개성고등학교총동창회, 『거룩한 백양 발자취 3세기(Ⅲ)』, 18쪽, 2015.

12   앞의 책, 6쪽.

13   앞의 책, 83~84쪽.

14   앞의 책, 85쪽.

15   앞의 책, 86쪽.

16   앞의 책, 832쪽.

17   노무현, 『운명이다』, 53쪽, 돌베개, 2010.

18   개성고등학교, 『거룩한 백양 발자취 3세기(Ⅲ)』, 214쪽.

19   『신영복 함께 읽기』, 268~269쪽, 돌베개, 2006.

20   앞의 책, 269~270쪽.

21   박철규, 앞의 논문.

22   이동언, 「백산상회」, 『한국독립운동사사건(4)』, 563쪽.

23 　김삼웅, 『조소앙평전』, 51~52쪽, 채륜, 2017.

24 　『한국 독립운동증언 자료집』(안병무지사 증언), 한국정신문화연구원,
　　199~200쪽, 박영사, 1983.

25 　김희곤, 『중국관내 한국독립운동단체 연구』, 38쪽, 지식산업사, 1995.

26 　앞의 책, 35~36쪽.

27 　손과지(孫科志, 중국인, 상하이복단대 역사학 교수), 『상하이한인사회사
　　:1910~1945)』, 46쪽, 한울, 2001.

28 　앞의 책, 47쪽.

29 　앞의 책, 54쪽.

30 　손과지(孫科志, 중국복단대교수), 「박은식의 중국 망명시기활동」,
　　『백암학보』 제1집, 345~346쪽.

31 　윤병석, 「향강잡지」 해제, 『백암학보』 제2집, 219쪽, 2007.

32 　조동걸, 「풍기광복단」, 『한국독립운동사전(7)』, 272쪽, 독립기념관, 2004.

33 　권대웅, 「조선국권회복단」, 『한국독립운동사사전(4)』, 389~340쪽.

34 　권대웅, 「대동청년단」, 『한국독립운동사사전(3)』, 699쪽.

35 　이화섭 편역, 『방관자를 꾸짖는다』, 10~10쪽, 춘추원.

36 　앞의 책, 34~35쪽.

37 　홍순권, 『한국독립운동사사전(3)』, 335~336쪽.

38 　김광주, 「상하이시절회상기」上, 『세대』, 1965년 12월호, 257쪽.

39 　스칼라피노·이정식 지음, 한홍구 옮김, 『한국공산주의운동사』 1, 146~147쪽,
　　돌베개, 1986.

40 　염인호, 「김원봉과 무정」, 『인물로 보는 항일무장투쟁사』, 136쪽, 역사비평사, 1995.

41 　김영범, 『한국근대민족운동과 의열단』, 29쪽. 창작과 비평사, 1997.

42 　박태원, 『약산과 의열단』, 깊은 샘, 35~36쪽, 2000.

43 　박태원, 앞의 책, 33쪽.

44 　한상도, 앞의 책, 24쪽.

45 　염인호, 『김원봉연구』, 38~39쪽, 창작과 비평사, 1993.

46 　이종범, 『의열단부단장 이종암전』, 1970.

47 　김영범, 「의열단」, 『한국독립운동사사전』 6, 27쪽, 독립기념관, 2004.

48 김영범, 「의열단 창립과 초기 노선에 대하여」, 『한국학보』 제69집, 168쪽,
일지사, 1992.

49 박태원, 앞의 책, 33쪽.

50 이종범, 앞의 책, 73쪽.

51 이종범, 앞의 책, 73쪽.

52 이종범, 앞의 책, 72쪽.

53 김영범, 앞의 글, 157쪽.

54 김영범, 앞의 글, 157쪽.

55 염인호, 앞의 책, 41쪽.

56 한상도, 앞의 책, 27~28쪽.

57 님 웨일즈 지음, 조우화 옮김, 『아리랑』, 97쪽, 동녘, 1983

58 이정식·한홍구, 『항전별곡』, 164쪽, 거름, 1986.

59 김정실, 『신동아』, 1933년 12월호.

60 한상도, 앞의 책, 33~34쪽.

61 한상도, 앞의 책, 34쪽.

62 조지훈, 「한국민족운동사」, 『한국문화사대계1』, 674쪽, 고려대학교민족문화
연구소 편, 1964.

63 김영범, 『혁명과 의열』, 379쪽, 경인문화사, 2010.

64 송건호, 『의열단』, 52쪽, 창작과 비평사, 1985.

65 김창수, 『항일의열투쟁사』, 134쪽, 독립기념관, 1991.

66 송건호, 앞의 책, 56쪽.

67 앞의 책, 56쪽.

68 「오택」 김삼근 편저, 118~119쪽.

69 김삼근, 『오택유고』, 119~121쪽.

70 『외롭게 살다 간 항일투사 소정 최천택』, 『어둠을 밝힌 사람들』, 172쪽, 부산일보사.

71 김삼근, 앞의 책, 122쪽.

72 이종범, 『의열단 부장 이종암전』, 94쪽, 광복회, 1970.

73 송건호, 앞의 책, 54쪽.

74   부산일보사, 앞의 책, 174쪽.

75   앞의 책, 175쪽.

76   당시 부산일보는 1907년 10월 1일 일본인 다천호(茶川浩)가 발행했으며,
      일본어로 발행된 친일계 신문으로 해방직후까지 존재했으나 1946년에 창간한
      현재의 부산일보와는 전혀 다른 신문이다. 번역자 : 김삼근(부산출신독립투사집
      저자, 본 책 389~392쪽).

77   김삼웅, 『서대문형무소 근현대사』, 83~84쪽, 나남, 2000.

78   김석희, 「박재혁 의사」, 『부산지역독립운동사학술회』, 부산일보사 주최,
      1989년 8월 30일.

79   『매일신보』, 1920년 11월 5일, 같은 신문 11월 8일자, 박철규, 앞의 논문 재인용.

80   『법정 잠언집』, 류시화 엮음, 134~135쪽, 조화로운 삶, 2006.

81   『나라사랑 - 면암 최익현선생 특집호』, 제6집, 67쪽, 1972.

82   송건호, 『의열단』, 65쪽, 창작과 비평사, 1985.

83   『도보(圖譜) 독립혈사 제2권』, 발행인 박영랑, 문화정보사, 1947.

84   「임정 군무부장 김원봉, 의열단의 성격 천명」, 『자유신문』, 1945년 12월 20일.

85   제임스 잉글리스 지음, 김미경 옮김, 『인류의 역사를 뒤흔든 말·말·말』, 142쪽,
      작가정신, 2011.

86   송건호, 앞의 책, 56~57쪽.

의열지사 박재혁 평전

© 2019, 김삼웅

지은이	김삼웅
초판 1쇄 발행	2019년 05월 11일
발행처	개성고등학교, 개성고등학교총동창회, (재)백양장학회
펴낸곳	호밀밭
펴낸이	장현정
편집	박정오
디자인	최효선
마케팅	최문섭
등록	2008년 11월 12일(제338-2008-6호)
주소	부산 수영구 광안해변로 294번길 24 지하1층 생각하는 바다
전화	070-7701-4675
팩스	0505-510-4675
이메일	homilbooks@naver.com

Published in Korea by Homilbat Publishing Co, Busan.
Registration No. 338-2008-6.
First press export edition May, 2019.
Author Kim Sam Ung
ISBN 979-11-965728-9-1   03990

이 도서의 국립중앙도서관 출판예정도서목록(CIP)은 서지정보유통지원시스템 홈페이지(http://seoji.nl.go.kr)와 국가자료공동목록시스템(http://www.nl.go.kr/kolisnet)에서 이용하실 수 있습니다. (CIP제어번호: CIP2019016078)

朴載赫